以2006年《上市公司股权激励管理办法》和《国有控股上市公司（境内）实施股权激励试行办法》两个文件的颁布为标志的股权激励改革，是我国国有企业高管薪酬改革进程中继年薪制后又一重大举措。基于我国国有控股公司一直存在的高管长期激励不足问题，股权激励改革被市场各方视作是完善公司激励机制，提高公司价值的重要之举。并且，这次股权激励改革是在股权分置这一根本性市场制度环境发生革命性变革的基础上推进的，是真正意义上的股权激励制度的改革。因此，其实施效果备受关注。

国外的理论研究和实践经验表明，股权激励的必要性源自所有权与经营权分离下因信息不对称而产生的经营者道德风险问题，而股权激励有效性则取决于各种公司治理机制和制度环境的配套和完善。与西方成熟市场不同，我国证券市场是一个转型经济中的新兴市场。在我国，绝大多数上市公司是从国有企业改制而来，国资控股是证券市场的普遍现象，从而，行政干预下的内部人控制是转型经济中的我国国有控股公司的基本治理特征（吴敬琏，1995；张春霖，1995），这与美国等西方成熟的股权激励实施的制度环境存在很大差异。内部人控制使得股权激励成为必要，但股权激励也可能会由于“内部人寻租”问题而难以有效；行政干预如高管的行政任命制等既能在市场机制不完善的条件下抑制内部人控制，但却会因为公司目标的多元化而削弱股权激励有效性。我国上市公司特有的治理特征对股权激励的有效性有何影响？政府干预怎样影响股权激励的效果？如何从制度上保证股权激励成为解决代理问题的机制，而不是沦为代理问题的来源？是摆在监管层、学术界和实务界面前的重要课题。

借鉴国外研究方法，国内有大量文献基于高管持股对股权激励的价值效应进行了检验，但是，少有研究关注我国上市公司特有的治理特征特别是政府干预对股权激励有效性的影响，而这恰恰可能是影响股权激励有效性的关键所在。本书以2005—2008年期间公布股权激励计划的上市公司为研究样本，从股权激励计划的选择、股权激励强度和股权激励价值效应三个方面，对国资控股、政府干预与股权激励有效性之间的关系进行理论分析和实证检验。本书用三种方法对政府干预程度进行度量：首先，根据樊纲、王小鲁和朱恒鹏（2006）编制的中国各地区市场化相对进程的数据及其子数据构建各地区政府干预指数——这是一种已被广泛地运用于研究中国各地区的制度环境，并具有较好解释力的方法；其次，在稳健性检验中，借鉴谭劲松等（2008）的做法，使用地方政府行政辖区内上市公司数量和上市公司经济影响力作为政府干预程度的代理变量。

本书实证检验结果发现：相对于非国有控股公司，国有控股公司更不倾向于选择股权激励；所处地区的政府干预程度越强，国有控股公司选择股权激励计划的可能性就越小，也就是说，政府干预影响了国有控股公司对股权激励计划的选择，使得股权激励机制的有效性在初始选择环节就受到了一定程度的抑制。研究还发现：相对于非国有控股的公司，国有控股公司授予的股权激励份额较少，激励强度较弱。而且，公司授予高管层的股权激励份额，随着其所处地区的政府干预程度的增强而减少，而这种情况在国有控股的公司中表现得更为突出，即所处地区政府干预程度越强，国有控股公司授予的股权激励份额就越少。也就说，政府干预不仅削弱了国有控股公司选择股权激励的意愿，而且抑制了国有控股公司实施股权激励的强度。

在股权激励的价值效应方面，检验结果发现：实施股权激励的公司比没有实施股权激励的公司有更高的市场价值；然而，政府干预对股权激励的价值效应产生了消极的影响，检验结果表明，所处地区政府干预程度越大，股权激励的价值效应就越小。对国有控股公司样本的进一步分析发现，上述情况在国有控股公司中也显著存在。相对于没有实施股权激励的国有控股公司，实施股权激励的国有控股公司市场价值更高；但所处地区政府干预越强，国有控股公司实施股权激励的价值效应就越小，也就是说，对于国有控股公司来说，政府干预弱化了实施股权激励的价值效应。

本书的研究结果表明，政府干预不仅对公司选择股权激励的动机产

王烨·著

国资控股与股权激励有效性

——基于我国上市公司的实证研究

GUOZI KONGGU YU GUQUAN JILI YOUXIAOXING

合肥工业大学出版社

本书系安徽高校省级人文社会科学研究重点项目“国资控股与股权激励有效性——基于我国上市公司的实证研究(项目批准号:2010sk207zd)”的最终研究成果,并受教育部研究生培养创新计划项目“南京大学国际化会计学博士生项目(IAPHD)”资助。

图书在版编目(CIP)数据

国资控股与股权激励有效性:基于我国上市公司的实证研究/王烨著.—合肥:合肥工业大学出版社,2010.4

ISBN 978-7-5650-0182-6

Ⅰ.国… Ⅱ.王… Ⅲ.①上市公司—股权—管理—研究—中国 ②上市公司—公司管理—研究—中国 Ⅳ.F279.2

中国版本图书馆 CIP 数据核字(2010)第 064770 号

国资控股与股权激励有效性

——基于我国上市公司的实证研究

王 烨 著　　责任编辑 疏利民　　特约编辑 陈晴晴

出　版	合肥工业大学出版社	版　次	2010年4月第1版
地　址	合肥市屯溪路193号	印　次	2010年4月第1次印刷
邮　编	230009	开　本	710毫米×1000毫米 1/16
电　话	总编室:0551—2903038	印　张	11
	发行部:0551—2903198	字　数	180千字
网　址	www.hfutpress.com.cn	印　刷	安徽江淮印务有限责任公司
E-mail	press@hfutpress.com.cn	发　行	全国新华书店

ISBN 978-7-5650-0182-6　　定价:26.00元

如果有影响阅读的印装质量问题,请与出版社发行部联系调换。

生消极影响，而且会削弱股权激励的价值效应。这意味着，要想提高股权激励的有效性，解决国有控股公司经营者长期激励不足的问题，不仅需要完善各种内部公司治理机制，更需要改善政府治理，约束政府对国有控股公司的过多干预；引进市场化用人机制，改革政府对国有控股公司高管的行政任命制，对股权激励效应的发挥具有极其重要的意义。

本书选题的初衷是期望从我国上市公司特有的治理特征特别是政府干预这一更为根本性的制度层面来考察影响我国股权激励有效性的因素及其机制，而国内同类文献大多仅仅关注股权激励的价值效应，这正是本书的边际贡献所在。诚然，受个人水平和时间所限，本书可能存在不少纰漏甚至错误，欢迎也希望得到同行专家、读者的批评指正。

王　烨

2010年3月于龙子湖畔

目　录

前　言 …………………………………………………………………………… (1)

第一章　引 言…………………………………………………………………… (1)

第二章　股权激励效应：文献综述 ……………………………………………… (8)

　第一节　国外关于股权激励效应的争议与检验 ……………………… (8)
　第二节　国内关于股权激励效应的研究 ……………………………… (17)

第三章　我国股权激励的发展与现状 ………………………………………… (22)

　第一节　作为产权制度改革的高管人员持股阶段 …………………… (22)
　第二节　“变通”股权激励的探索阶段 ……………………………… (24)
　第三节　真正意义上的股权激励阶段 ………………………………… (30)

第四章　国资控股与我国上市公司的治理特征 …………………………… (38)

　第一节　国企改革与上市公司的国资控股 …………………………… (38)
　第二节　国资控股与上市公司的治理特征 …………………………… (59)

第五章　国资控股与股权激励有效性的理论分析 ………………………… (77)

　第一节　内部人控制与股权激励有效性分析 ………………………… (77)
　第二节　政府干预与股权激励有效性分析 …………………………… (80)

第六章　国资控股、政府干预与股权激励计划的选择
——基于 2005—2008 年上市公司数据的实证分析 ……… (93)

第一节　研究假说和研究设计 …………………………… (93)
第二节　检验结果及分析 ……………………………… (112)

第七章　国资控股、政府干预与股权激励的价值效应
——基于 2005—2008 年上市公司数据的实证分析 …… (137)

第一节　研究假说和研究设计 ………………………… (137)
第二节　检验结果及分析 ……………………………… (144)

第八章　全书总结 …………………………………… (150)

第一节　研究结论与启示 ……………………………… (150)
第二节　本书创新、局限性与未来研究方向 ………… (153)

参考文献 ……………………………………………… (156)

第一章　引　言

中国证监会、国务院国有资产监督管理委员会、财政部等有关部门于2006年颁布的《上市公司股权激励管理办法》和《国有控股上市公司（境内）实施股权激励试行办法》两个文件拉开了我国上市公司股权激励改革的序幕。根据Wind资讯的统计，截至2009年5月，沪深两市已有137家上市公司公告或实施了股权激励计划。而且，随着时间的推移，将会有越来越多的公司推出股权激励方案。股权激励是我国国有企业高管薪酬改革进程中继年薪制后又一重大举措，基于我国国有控股上市公司一直存在的高管长期激励不足问题，股权激励改革被市场各方视作是完善公司激励机制，提高公司价值的关键之举。我国上市公司特有的治理特征对股权激励的有效性有何影响？哪些公司适合实施股权激励？如何从制度上保证股权激励成为解决代理问题的机制，而不会沦为代理问题的来源？是摆在监管层、理论界和实务界面前的重要课题。

股权激励在国外有着广泛的运用。美国在20世纪70年代就开始对高管进行股权激励，到20世纪末，在美国排名前1000的公司中，有90%的公司对高管授予了股票期权，股票期权在高管总收入中的比重也从1976年的不到20%上升到2000年的50%，通用、可口可乐、强生、迪斯尼等10家大公司的期权收益甚至占到高管总收入的95%以上。股权激励在实践中的盛行，引发了国外学术界对其激励效应的广泛关注。股权激励的理论研究长期以来形成以Mirrlees（1976）、Holmstrom（1979）、Holmstrom和Milgrom（1987）等发展的最优契约（Optimal Contracting）理论为主导的研究传统。根据最优契约理论，通过在投资者或作为投资者代表的董事会与经理人之间订立的隐性或显性激励契约（Incentive Contract），把对经理人专用性投资的薪酬（年薪、奖金、股票期权等）建立在企业业绩等可证实的指标上，从而使经理人在一定程度上按照投资者的利益行事。在最优契约论的框架下，早期的实证研究集中于检验股权激励与公司业绩（或公司价值）之间的关系。其中，Jensen和Murphy（1990）开启了实证分析经理人员薪酬契约的先河，他们通过计算经理薪酬对公司业绩的弹性系数，发现经理薪酬与公司价值之间的关系主要是由高管持有的股权（包括股票和期权）所驱动的，但公司价值与高管薪酬之间的关系较弱。自此以后，有众多的文献都沿用类似的方法对他们提出的问题继续进行了研究。根据 Murphy（1999）对这些文献的综述，平均来看，美国上市公司高级经理人员的货币性报酬主要由工资、年度奖金和股票期权三部分构成，近年来股票期权所占的比重越来越大。但是，经理人员较高的货币报酬并非与公司业绩高度相关，股权激励并没有起到应有的作用。基于股权激励的经验发现与理论预期的差异，加之，近年来美国公司 CEO 的年薪高速增长，而会计丑闻却不断发生，近期文献开始关注股权激励中的代理问题。综合这类文献，股权激励的弱效应甚至是负效应主要表现在以下两个方面，一是股权激励诱发的盈余管理和信息披露问题（例如，Yermack，1997；Aboody 和 Kasnznik，2000；Callaghan 等 2002；Chauvin 和 Shenoy，2001；Coles 等，2006；Cheng 和 Warfield，2005；Burns 和 Kedia，2006；等），二是经理层薪酬中的“过度支付”问题（Bebchuk 和 Fried，2003、2004；Core 等，1999；Cyert 等，2002；Betrand 和 Mullainathan，2000；Hartzell 和 Starks，2003；Parthiban 等，1998；Borokhovich 等，1997；等）。针对上述问题，Bebchuk，Fried 和 Walker（2003）等学者提出了管理层权力论，认为，由于不完善的公司治理结构，经理层实质上成为其薪酬制定的控制者，从而旨在降低代理成本的激励机制实际上成为经理层寻租的工具。但同样有研究指出，遗漏变量或内生性等方法论上的缺陷是导致相关文献发现上述非理性现象的原因，例如，Saly（1994）和 Acharya 等（2000）的认为，虽然股权的重新定价（Repricing）可用经理层权力论来解释，但若考虑到不重新定价，从而丧失优秀经理对股东造成的损失可能远高于公司重新定价的成本，则股权的重新定价就是一种最优契约的行为；Balsam 和 Miharjo（2007）对股权激励与经理人自愿离职之间关系的检验为上述理论提供了经验证据。Becker（2006）和 Brisley（2006）的研究也分别提供了经理人的风险态度和公司的风险程度对经理薪酬“过度支付”现象的解释作用。基于上述有关股权激励效应的争论，如何从制度层面上解释股权激励效应是国外未来的研究热点。但是，与美国等西方国家相比，无论在微观还是宏观层面上，我国上市公司都表现出一些特殊的制度特征，例如：国资控股从而政府干预和内部人控制；资本市场、产品市场和经理人市场等在内的外部市场制度的非市场化特征。我国转型经济独有的制度背景和上市公司特殊的治理特征对股权激励有效性有何影响？如何保障股权激励在国有控股上市公司中发挥应有的治理作用？仍需基于我国制度背景的研究。

国内对股权激励的关注由来已久，由于以股票期权和限制性股票等为主要形式的真正意义上的股权激励最近才在上市公司展开，因此，既有的实证研究大多是从高管持股的角度来进行的（魏刚，2000；李增泉，2000；张小宁，2002；朱国泓和方荣岳，2003；李维安和张国萍，2005；俞鸿琳，2006；王华和黄之骏，2006；夏纪军和张晏，2008；等等），只有很少的文献讨论到了股权激励的问题。其中，周建波和孙菊生（2003）以2001年报中披露的已经对经营者进行股权激励的上市公司为样本，运用34家上市公司的经验证据考察了公司治理特征、经营者股权激励与公司经营业绩提高之间的关系，结果表明，对于那些内部治理机制弱化的公司，经营者存在利用股权激励机制为自己谋利掠夺股东利益的行为。但研究未对我国上市公司特殊的治理特征之于股权激励有效性的影响给予关注，而且，检验数据是2006年股权激励制度改革之前的，由于制度环境的限制和相关法律规范的障碍，2006年前我国企业自行试行的各种股权激励模式的激励效果并未能完全发挥出来，进而对相关实证研究结果的可靠性产生影响。

2006年，以《上市公司股权激励管理办法》和《国有控股上市公司（境内）实施股权激励试行办法》两个文件的颁布为标志的股权激励改革，是以股权分置改革和相关法律规范的修订为基础的，是一次真正意义上的股权激励制度改革。就股权激励制度本身而言，我国上市公司已公布或实施的股权激励计划与国外成熟和标准的股权激励制度没有什么差异，然而，我国却有着与美国等西方国家非常不同的公司治理特征和制度环境。那么，我国上市公司特殊的治理特征对上市公司选择股权激励的动机以及已实施的股权激励效果有何影响？是一个需要检验的焦点问题。

吕长江等（2009）以2005年1月1日至2008年12月31日公布股权激励计划草案的公司为样本，研究了我国上市公司设计的股权激励方案的特征及其激励效应。研究发现，上市公司设计的股权激励方案既存在激励效应又存在福利效应。研究认为，激励型公司和福利型公司存在差异的原因在于公司治理结构安排。胡国强和彭家生（2009）以2005－

2007 年我国 A 股市场实施股权激励的上市公司及其配对样本为研究对象，考察了股权激励与财务重述的相关关系。研究结论支持了有股权激励尤其有基于股价的股权激励模式的上市公司经营者可能有短期盈余操纵行为的观点。张宏敏等（2009）以股权分置改革后，中国上市公司 2006—2008 年的数据为基础，以股票期权薪酬绩效敏感度（PPS）作为研究变量，对股票期权薪酬激励效果影响因素进行了实证分析。结果表明：成长性机会高的公司、资产负债率低的公司、股权集中度低的公司实施的股票期权激励效果显著得更好；私营性质上市公司股票期权激励效果显著得更好。程仲鸣和夏银桂（2008）基于中国国有企业与制度变迁背景，以 2001—2006 年宣告实施股权激励的国有上市公司为样本，实证检验了股权激励对公司价值的改善作用。结果发现，对国有企业的经理人实行股权激励能提高公司价值，受地方政府控制的公司，股权激励更能明显增加公司价值。并且，股权分置改革这种制度变迁进一步改进了原有的激励效果。

上述研究结果为我们了解 2006 年股权激励制度改革后公布或实施股权激励的效果提供了有益的帮助，但既有的研究并未充分重视我国上市公司特有的治理结构和制度环境对股权激励有效性的影响。众所周知，国资控股是我国绝大多数上市公司的基本治理特征，而政府干预是影响我国国有控股上市公司治理有效性的关键因素。政府干预是否会影响上市公司对股权激励机制的需求？国资控股从而政府干预对股权激励的有效性有何影响？这些更为根本性的问题需要我们作出进一步的解答，而这正是本书致力于研究的目的之所在。

本书以 2005—2008 年期间公布股权激励计划的上市公司为研究样本，从股权激励计划的选择、股权激励强度和股权激励价值效应三个方面，对国资控股、政府干预与股权激励有效性之间的关系进行理论分析和实证检验。对国资控股、政府干预之于股权激励有效性的影响，本文从股权激励计划的初始选择和实施两个环节来考察，其中，初始选择环节又从股权激励计划选择和股权激励强度两个维度来展开；而实施环节则主要检验已实施股权激励计划的价值效应。我们知道，这次股权激励改革是在相关法律环境和市场环境发生转折性变化的背景下实施的，没有了过去所存在的法律方面的障碍，更有有利的市场环境的支持，因而，是否选择和实施股权激励计划以及授予高管层多少激励份额是上市公司的自愿行为。同时，基于我国国有控股上市公司一直存在的高管长期激励不足问题，股权激励改革被市场各方视作是完善公司激励机制，提高公司价值的关键之举，特别是对于中小股东，基于股价的考核激励机制和股权激励的措施会使其相信控股股东、经理层和他们的利益是一致的，故而，上市公司是否选择和实施股权激励计划以及给予高管层什么样的股权激励强度，则被视为完善公司治理机制和增加公司价值的行为。因此，考察政府干预对国有控股上市公司股权激励计划选择行为和股权激励强度的影响，既能够剖解国有控股上市公司选择股权激励计划的制度性因素，还能从另一个角度验证股权激励的有效性。

本书用三种方法对政府干预程度进行度量：首先，根据樊纲、王小鲁和朱恒鹏（2006）编制的中国各地区市场化相对进程的数据及其子数据构建各地区政府干预指数——这是一种已被广泛地运用于研究中国各地区的制度环境，并具有较好解释力的方法；其次，在稳健性检验中，借鉴谭劲松等（2008）的做法，使用地方政府行政辖区内上市公司数量和上市公司经济影响力作为政府干预程度的代理变量。本书实证检验结果发现：

相对于非国有控股公司，国有控股公司更不倾向于选择股权激励；所处地区的政府干预程度越强，国有控股公司选择股权激励计划的可能性就越小，也就是说，政府干预影响了国有控股公司对股权激励计划的选择，使得股权激励机制的有效性在初始选择环节就受到了一定程度的抑制。同时，相对于非国有控股的公司，国有控股公司授予的股权激励份额较少，激励强度较弱。而且，公司授予高管层的股权激励份额，随着其所处地区的政府干预程度的增强而减少，而这种情况在国有控股的公司中表现得更为突出，即所处地区政府干预程度越强，国有控股公司授予的股权激励份额就越少。也就说，政府干预不仅削弱了国有控股公司选择股权激励的意愿，而且抑制了国有控股公司实施股权激励的强度。

在股权激励的价值效应方面，检验结果发现：实施股权激励的公司比没有实施股权激励的公司有更高的市场价值；然而，政府干预对股权激励的价值效应产生了消极的影响，检验结果表明，所处地区政府干预程度越大，股权激励的价值效应就越小。对国有控股公司样本的进一步分析发现，上述情况在国有控股公司中也显著存在。相对于没有实施股权激励的国有控股公司，实施股权激励的国有控股公司市场价值更高；但所处地区政府干预越强，国有控股公司实施股权激励的价值效应就越小，也就是说，对于国有控股公司来说，政府干预弱化了实施股权激励的价值效应。

本书的研究结果表明，政府干预不仅对公司选择股权激励的动机产生消极影响，而且会削弱股权激励的价值效应。这意味着，要想提高股权激励的有效性，解决国有控股公司经营者长期激励不足的问题，不仅需要完善各种内部公司治理机制，更需要改善政府治理，约束和减少政府对国有控股公司的过多干预；引进市场化用人机制，改革政府对国有控股公司高管的行政任命制，对股权激励效应的发挥具有极其重要的意义。

本书其余部分安排如下：

第二章，文献综述。本章从国外和国内两个方面，对有关股权激励效应的理论和实证研究进行梳理和总结，以突出本书选题的理论价值及可能的学术贡献。首先，梳理国外文献关于股权激励效应的“最优契约论”和“经理层权力论”两种不同的理论观点，并总结相应的经验研究证据。接着，从规范和实证两个角度对国内研究进行回顾，其中，有关股权激励效应的实证研究，按照我国股权激励制度的三个发展阶段来展开。

第三章，我国股权激励的发展与现状。介绍和分析我国股权激励制度的三个历史发展阶段：即作为产权制度改革的高管人员持股阶段；“变通”股权激励的探索阶段；以及真正意义上的股权激励阶段。其中，对第三阶段，在分析相关制度背景的基础上，运用已公布股权激励方案的公司的数据，对股权激励方式、进度和行业分布等方面进行统计分析和考察。

第四章，国资控股与我国上市公司的治理特征。介绍和分析我国上市公司的治理特征，包括两个大方面：国企改革与上市公司的国资控股；国资控股与我国上市公司的治理特征。这两个方面相互联系，构成我国上市公司“政府干预下的内部人控制”的基本治理特征，其中第一个方面是我国上市公司治理特征的来源，也是影响治理特征的因素。

第五章，国资控股与股权激励有效性的理论分析。根据前三章的讨论，本章对国资控股下的上市公司治理特征与股权激励有效性之间的关系进行理论分析，其中着重剖析政府干预对股权激励有效性的可能影响。

第六章，国资控股、政府干预与股权激励计划的选择——基于2005

—2008年上市公司数据的实证分析。在第五章理论分析的基础上，本章对国资控股、政府干预与股权激励计划的选择之间关系提出研究假说，并进行实证检验和分析。

第七章，国资控股、政府干预与股权激励的价值效应——基于2005—2008年上市公司数据的实证分析。在第五章理论分析的基础上，本章对国资控股、政府干预与股权激励价值效应之间关系提出研究假说，并进行实证检验和分析。

第八章，全书总结。包括研究结论与启示；本书创新、局限性与未来研究方向两个部分内容。

本书的总体框架如图1-1所示。

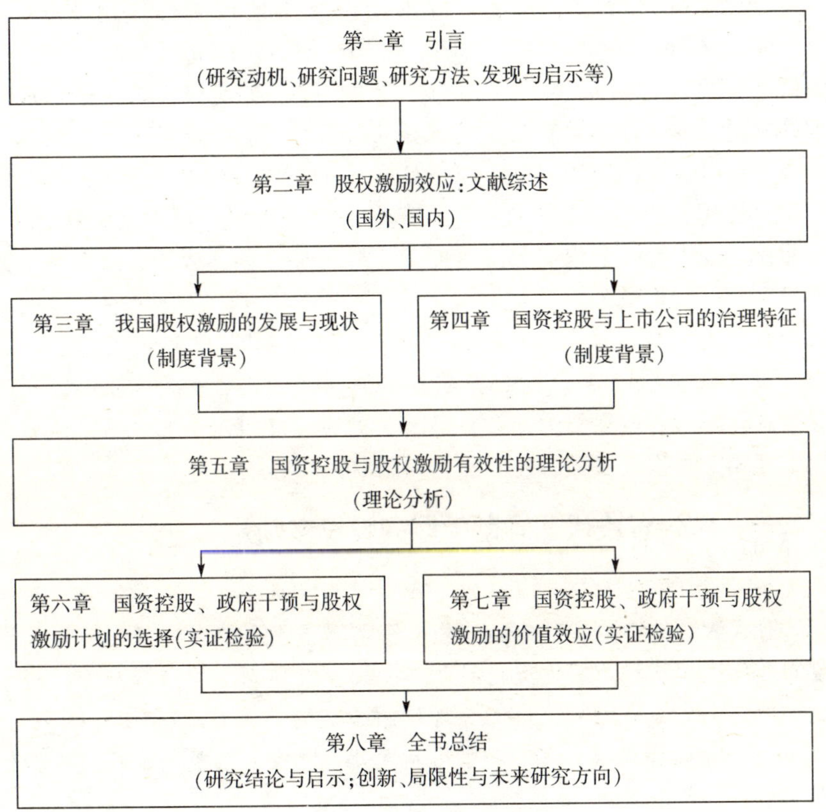

图1-1 本书的总体框架

第二章 股权激励效应：文献综述

第一节 国外关于股权激励效应的争议与检验

经理层股权激励合约设计的理论研究长期以来形成以 Mirrlees（1976）、Holmstrom（1979）、Holmstrom 和 Milgrom（1987）等发展的最优契约（Optimal Contracting）理论为主导的研究传统。根据最优契约理论，通过在投资者或作为投资者代表的董事会与经理人之间订立的隐性或显性激励契约（Incentive Contract），将对经理人专用性投资的薪酬（年薪、奖金、股票期权等）建立在企业业绩等可证实的指标上，从而使经理人在一定程度上按照投资者的利益行事。然而，国外的实践经验表明，股权激励是一把“双刃剑”，它既可能是解决代理问题的有效手段，也可能成为代理问题的一部分。针对美国 90 年代后期公司高管（股权）薪酬过度支付的弊端，Bebchuk，Fried 和 Walker（2003）等学者开始质疑最优契约论，并提出了管理层权力论。本节是对西方股权激励相关理论及实证研究的梳理和总结。

一、作为解决代理问题手段的股权激励

（一）最优契约论

股权激励的产生主要是因为公司经理层与股东的目标函数不同而导致的委托代理问题，最优契约论是有关股权激励理论的传统观点。根据最优契约论，签订公平议价的经理层薪酬契约（Arm-length Bargaining Contract），设计科学合理的激励机制尤其是股权激励机制是解决委托代理问题的有效手段。

所有权和经营权的分离是现代企业组织形式的重要特征。由于所有者和经营者的目标函数不同，两权分离必然产生委托一代理关系中的利益冲突。由于作为资产经营管理者的经理层的所得仅仅是薪酬，股东财

富最大化并不意味着经理层的利益最大化，所以经理层缺乏最大化企业价值的动力。不过，“委托人通过对代理人进行适当的激励，以及通过承担用来约束代理人越轨活动的监督费用，可以使其利益偏差有限”(Jensen和Meckling，1976)。根据Jensen和Meckling的代理理论，代理成本来源于经营者不是企业剩余权益的拥有者这一事实，如果让经营者成为企业剩余收益的拥有者，则可减少代理成本。因此通过经理层持股的方式，让代理人成为部分剩余权益的拥有者，能够降低剩余索取权与剩余控制权的不匹配，从而促进股东和经理层利益一致。

两权分离导致了委托代理问题产生的可能性，现实经济生活中广泛存在的信息不对称使这个问题成为现实。由于信息不对称，委托代理契约实际上是一种不完全的契约，这使得契约本身具有交易费用，也即代理具有代理成本。委托人监督和控制代理人的行为需要关于代理人努力程度的信息，然而，信息不对称致使委托人不容易或不可完全观察到代理人的行为，特别是代理人的努力程度仅通过表象是难以观察到的，只有代理人自己清楚自身的努力程度。因此，如何设计科学而合理的薪酬契约，降低信息不对称性，显得至关重要。Holmstrom（1979）在代理理论模型中分析到，如果经理层的努力水平和产出都是可观测的，委托人就能通过监督避免代理人逃避责任，因此，签订最优的（First Best）合同是可能的，即委托人给予代理人一个固定的工资形式。但是，如果完全无法预测而只能推测代理人的努力和产出水平，就可能产生次优（Second Best）的合同。如果产出是代理人努力程度的一个信号，那么，委托人就会希望将代理人的报酬和他的产出绩效相联系。Holmstrom（1979）证明了，与代理人努力相关的附加信号对于改善合同的风险分担是有用的，它使委托人能更好地识别代理人的行动，使薪酬契约更接近于最优的解决方案。Banker和Dater（1989）检验了薪酬契约中不同信号相对权重是如何决定的，以及信号是如何整合到一体化信号中的。他们发现任何两个信号相关的权重是各自信号的精密度及敏感性的函数。一个信号对于代理人行动的敏感性越大，它的权重也越大，并且一个信号噪声越大，它的权重越低。代理理论中关于薪酬信号最主要的评定标准是信号关于代理人行动的信息揭示力。Holmstrom认为，在金融市场高效的情况下，股价是一个较好的管理层努力的信号和评价指标，基于股权的激励机制可以减少代理成本。

概括地说，代理理论是关于股权激励缘起的基本理论，最优契约论是有关股权激励理论的传统观点。根据最优契约论，薪酬尤其是股权薪酬是解决代理问题的主要手段。设计科学而合理的股权激励契约，能够有效地激励管理层努力最大化股东价值。

（二）经验证据

在最优契约论的框架下，西方出现大量实证研究以检验股权激励的效果。早期的实证研究集中于检验股权激励与公司业绩（或公司价值）之间的关系。如果管理者的股权激励契约是有效的，那么管理者的持股权应该与企业绩效正相关。Jensen 和 Murphy（1990）根据 1974－1986 年 1049 家公司和 1980－1994 年 426 家公司的数据，通过计算经理薪酬对公司业绩的弹性系数，发现经理薪酬与公司价值之间的关系主要是由高管持有的股权（包括股票和期权）所驱动的，但公司价值与高管薪酬之间的关系较弱。Main（1991）通过对英国的研究，也发现总薪酬的变动与股东财富变化弱相关。与此不同，Stulz（1988）的研究则表明，高管人员拥有适度的持股权可以缓和高管人员与股东之间的利益冲突。Kaplan（1989）和 Smith（1990）的证据也表明，持股权对经营绩效具有激励效应，他们都发现在高管人员融资收购（MBO）之后，公司绩效显著上升。Smith 指出，公司绩效改进是由于持股权增进了高管人员创造财富的动机进而提高了公司的营运效率。

还有一些研究发现高管持股权与公司价值呈非线性关系。Morck 等（1988）检验了董事会成员的持股比例之和与托宾 Q 值之间的分段线性联系，他们发现，在 0～5％的范围内，托宾 Q 值与董事的持股权正相关；5％～25％的范围内，Q 值与董事的持股权是负相关的；超过 25％，二者可能进一步负相关。Hermalin 和 Weisbach（1991）分析了 142 家纽约交易所上市的公司，发现在持股比例为 1％～5％时，托宾 Q 值与高管持股比例负相关，在 5％～20％时是正相关，超过 20％时又变成负相关。McConnell 和 Servases（1990）发现在托宾 Q 值与高管人员持股权之间存在倒转的 U 型联系，拐点位于持股比例为 40％～50％之间。由此，对于持股权处于不同区间数值的公司而言，高管持股与绩效的相关系数可能会有所不同。这也暗示，对高管人员的股权和期权激励不能超过一定比例，否则过犹不及。

此外，一些学者还从股票期权重新定价的角度检验了股票期权的激励效应。David Aboody，Nicole Bastian Johnson 和 Ron Kasznik（2009）考察了经理层股票期权重新定价后公司经营业绩的变化。结果发现，相对于没有重新定价的公司，重新定价的公司在随后期间营业收入和现金流都有较大增加；而这种业绩的改进归因于股票期权激励特性的恢复。他们的研究表明经理层股票期权提供了足够大的激励效应从而增加公司业绩。Callaghan，Subramaniam 和 Youngblood（2003）的研究也得到了类似的结果。

除直接检验股权激励对企业价值（以股价或者股价波动表征）的影响以外，另有学者从管理层对公司某些特定决策的影响角度，间接地考察了股权激励效应。通过研究股权激励下的研发支出（Ryan 和 Wiggins，2002；Coles 等，2006；Sok-Hyon Kang 等，2006；Guay，1999；Rajgopal 和 Shevlin，2001）、并购（Bliss 和 Rosen，2001；Datta 等，2001；Anderson 等，2002）、压缩规模或剥离不良资产（Dial 和 Murphy，1995；Mehran 等，1998）等投资行为，他们发现了股权激励确实能解决通常经营者由于风险厌恶而造成的投资不足问题的经验证据。

总的来说，关于股权激励效应的实证研究并未得到一致的结论，正如 Murphy（1999）对相关文献综述所表明的那样，平均来看，美国上市公司高管人员的货币性报酬主要由工资、年度奖金和股票期权三部分构成，近年来股票期权所占的比重越来越大。但是，经理人员较高的货币报酬并非与公司业绩高度相关，股权激励并没有完全起到应有的作用。特别是，近年来美国公司 CEO 的年薪高速增长，而会计丑闻却不断发生，如世界著名的安然公司在 CEO 获取高额回报后却发生了破产，这一切使得关于股权激励的最优契约论受到了巨大的挑战。

二、作为代理问题一部分的股权激励

（一）管理层权力论

针对美国 20 世纪 90 年代后期公司高管（股权）薪酬过度的弊端，Bebchuk，Fried 和 Walker（2003）等学者开始质疑最优契约论，并提出了管理层权力论，也称管理层寻租论。与最优契约论不同，管理层权力论是从代理问题的另一个角度来看股权激励问题，认为管理层股权激励不是解决代理问题的有效手段，而是代理问题的一部分。股权激励不是有效的激励方式，而沦为管理层寻租的途径。

Bebchuk 和 Fried（2002）认为，薪酬契约要达到最优，需要有三种约束机制：①董事会能独立地和管理层谈判，选择能最大化股东价值的薪酬计划；②产品、经理人和资本市场机制完善，对董事会和管理层构成强有力约束，即使在董事会无效的情况下，管理层的薪酬也是符合股东利益的；③股东能运用公司法所赋予的权力以及法庭诉讼等手段，促使管理层的薪酬合同符合股东利益。然而，在现实中，这些约束机制往往不能有效地发挥作用。其中，对薪酬契约制定起关键作用的董事会，由于管理层能影响董事的聘选，而难以保持足够的独立。董事不愿意抑制对自己有重要影响的管理者的高薪酬，所以不可能完全代表股东利益；特别是，当董事本身不是管理者时，即使有此意愿，他们也面临信息不对称的问题。从经理人才市场来看，大多数高管人员都不是从外部招聘而是从内部选拔的。对于高管人员而言，很少有比目前公司更具吸引力的选择。绝大多数公司的 CEO 很少成为其他公司的 CEO。相反，当 CEO 跳槽到其他公司时，目前的薪酬水平反而成为以后薪酬的参考水准。有研究表明，CEO 跳槽后新的薪酬与他在以前公司所放弃的期权和股票成正比。从并购市场来看，许多公司都有反收购措施，降低了公司控制权市场的约束力。最后，股东不具有对企业的经营决策权，难以获取管理层侵权的证据，公司法又有相应的诉讼规定，同时在投票决定管理层薪酬计划时，有时股东为谋求自身利益付出的成本要高于相应的收益，因此，股东权力也难以起到约束作用。所有一切最终致使董事会所通过的管理层薪酬计划，往往偏离最优契约。

管理层权力论强调管理层有影响自己薪酬的能力，认为董事会被管理层所“俘获”，独立性不强，不能有效地监督管理层，因此，管理层会利用手中权力获得高于合理水平的薪酬，而这些超常的薪酬便是管理层权力的租金。管理层权力寻租的方式很多，如利用手中权力获得优惠的管理层贷款；即使业绩很差，离任补偿也很高；授予不和业绩挂钩的股票期权，等等。管理层所攫取的租金与其手中的权力成正比，权力越大，管理层薪酬会越高。此外，为了掩盖寻租行为，管理层通常会进行盈余管理或者操纵信息披露，甚至会采取一些低效的薪酬方案，扭曲和弱化管理层激励，损害股东价值。根据管理层权力论，包括股权激励在内的管理者激励不再是解决代理问题的工具，而成了代理问题的一部分，部分代理问题就是管理者利用激励补偿为自身谋取租金。尽管 Murphy（2002）认为管理层权力论在理论上存在问题，现实解释也过于简单，但他也承认这种新的理论提出了最优契约论不能解释的关于美国管理者激励水平和结构的突出情形。

（二）经验证据

事实上，管理层权力论已得到众多实证研究的支持。经验证据表明，股权激励中的代理问题集中体现以下两个方面，一是经理层薪酬中的“过度支付”问题；二是股权激励诱发的盈余管理和信息披露问题。

1.“过度支付”问题

根据管理层权力理论，管理层权力越大，管理层薪酬会越高，股权激励与业绩的关联程度也就越小。Bebchuk 和 Fried（2004）认为在董事会弱化或无效、缺乏外部大股东和机构投资者、管理者大量持股、公司存在较多的反收购安排时，管理者会拥有更大的权力。相关经验研究表明，上述每个因素都影响管理层薪酬，与管理层权力理论是一致的。

Core，Holthausen 和 Larcker（1999）的研究发现，当董事会规模较大；多数外部董事是由管理层任命；以及外部董事在三个以上董事会任职时，管理层薪酬较高。若 CEO 同时也兼任公司董事长，CEO 的薪酬则比平均水平高出 20%～40%。此外，Cyert，Kang 和 Kuma（2002）发现管理层薪酬水平与薪酬委员会的持股数量是负相关的；薪酬委员会的持股数量翻一倍，管理层非薪水的收入降低 4%～5%。这些证据表明，当董事会相对弱或无效的情况下，管理层薪酬较高。

Cyert，Kang 和 Kuma（2002）发现最大股东持股量与管理层薪酬之间存在负相关关系，外部股东持股量增加一倍，管理层收入降低 12%～14%。Bertrand 和 Mullainathan（2000）发现在缺乏持股量超过 5% 以上外部股东的公司中，管理层薪酬中的运气成分比较大，也即薪酬的增长不是由于管理层自身的努力，而是由于一些外部因素的变化所致。在缺乏外部大股东的公司中，当管理层期权报酬增加时，公司管理层的现金收入减少幅度比较小。Benz，Kucher 和 Stutzer（2001）对标准普尔 500 家公司的研究发现，股权集中度越高，授予高管人员的期权也就越少。这说明，大的外部股东可能会加强对管理层的监督，减少管理层对其薪酬水平的影响力。

Hartzel 和 Starks（2003）对近 2000 家公司 1991—1997 年间高管人员薪酬研究发现，机构投资者比重越大，管理层薪酬水平越低。David，Kochar 和 Levitas（1998）研究进一步指出，机构投资者对管理层薪酬的影响取决于它们与公司关系的类型。机构投资者与公司关系可以分为两类：一是与公司没有除持股以外的商业关系，只关心公司股价，能抵制来自公司的压力；二是与公司有除持股以外的其他商业关系，如管理公司的养老基金，对来自公司的压力比较敏感。这类研究支持了机构投资者会限制管理层权力的理论预期。

公司设置反收购条款减少了公司管理层受到来自敌意收购的威胁，增加了管理层影响自己薪酬能力。Borokhovich，Brunarski 和 Parrino（1997）分析了在 1979－1987 年间 129 家设置有反收购条款的公司，发现这些公司管理层薪酬高于市场平均水平。Garvey 和 Milbourn（2006）也发现，被反收购条款保护的管理层更多的受到好运气的奖励，但很少受到坏运气的惩罚。最优契约论不能解释这种现象。理论上，管理层的工作越稳定，股东支付给管理层的“风险溢价”应越低（Agrawal 和 Knoeber，1999）。Cheng，Nagar 和 Rajan（2001）的研究发现，1984－1991 年间通过的州立反收购法保护了福布斯 500 公司的管理层，由于股份不再是公司控制的必要条件，导致他们持股量平均减少了 15%。这也与最优契约论不符。根据最优契约论，应要求管理层购买更多的股票，以增强其提高股东价值的激励。

2. 盈余管理和信息披露问题

盈余管理和信息披露问题，是股权激励中代理问题的又一主要表现。诸多实证研究表明，管理层往往通过盈余管理和操纵信息披露等方式来影响自己薪酬。

利用 159 家撤销而随后又重新发布股票期权计划的公司样本，Coles，Hertzel 和 Kalpathy（2006）研究了围绕股票期权撤销和重新再发行可能存在的盈余管理行为。结果发现在股票期权计划被撤销到重新再发布这段时期内，样本公司存在异常低的操控性应计利润。而且即使在投资者意识到这种操纵股票价格动机的情形下，结果仍然成立。这说明管理层为了私利会利用股票期权撤销和重新再发行进行盈余管理。Bin Ke（2005）研究发现，有股权激励的 CEO 更可能通过盈余管理来报告盈余的小额增加和连续增长，特别是在股价对盈余更敏感的公司，因为这与管理层股权激励相关；Bartov 和 Mohanram（2004）研究表明，管理层能够利用内部信息分析收益的未来变化从而作出期权行权的决策，而且会利用盈余管理提高自己行权的现金回报；Cheng 和 Warfield（2005）发现，具有高股权激励的经理更可能报告满足或刚刚达到分析师的盈余数据。此外，Kedia 和 Philippon（2005）的研究表明，虚假的财务报告往往与过度投资以及高管股票期权可行权的会计期间相联系。Johnson，Ryan 和 Tian（2009）、Harris 和 Bromiley

（2007）、Efendi，Srivastava 和 Swanson（2007）、O'Connor 等（2006）、Burns 和 Kedia（2006）、Bergstresser 和 Philippon（2006）研究发现，持有股票期权的高管对股价更敏感，并且更有可能发布虚假财务报告。上述实证研究均支持了管理层权力论的预期：管理层会通过盈余管理甚至虚假报告等方式来实现自己薪酬最大化。

David Yermack（1997）运用财富 500 强公司 1992－1994 年间 620 个 CEO 股票期权授予计划为样本，实证检验了 CEO 股票期权授予的时间安排与公司的新闻公告之间的关系。研究发现期权授予的时间安排与有利的公司股价运动相一致。对公司季度盈余公告模式的分析揭示：CEO 会在有利的公司新闻公告前接受股票期权的授予。研究结果表明，公司管理层会通过影响报酬契约的条款以最大化自己的利益。Aboody 和 Kasznik（2000）利用有固定授予计划的 572 家公司 2039 个 CEO 期权激励样本，分析了期权授予前后公司股价和分析师盈利预测的变化，发现 CEO 存在通过在期权授予日前后推迟好消息提前坏消息的披露来影响和操纵投资者预期的行为，并为 CEO 在授予日前披露管理层盈余预测以影响投资者的预期提供了更为直接的证据，结果支持 CEO 有利用机会主义的自愿披露以最大化股票期权报酬的动机。Chauvin 和 Shenoy（2001）考察了股票期权授予前股价下降的时期，他们发现，管理层试图通过期权授予日前坏消息的发布以取得尽可能低的行权价，股票期权的授予是管理层根据坏消息的宣布的择机行为。Callaghan，Saly 和 Subramaniam（2002）研究了 CEO 是否会系统性地操纵股票期权重新定价的时间以便与有利的公司股价走势相一致。利用 1992－1997 年期间 166 个重新定价的样本，他们发现，重新定价日后股价通常显著提高并且在接下来的 20 天持续走高；而且，CEO 选择的重新定价日期通常在季度盈余公告的好消息发布前或坏消息发布后。由于没有关于期权重新定价的信息在重新定价日发布，所以，研究结果表明，CEO 存在为了私利机会主义地操纵股票期权重新定价日期的行为。可见，为了最大化自己的利益，管理层往往通过操纵信息披露等方式来影响自己薪酬，进一步支持管理层权力论。

此外，管理层权力论还有其他诸多表现。如：Fenn 和 Liang（2001）发现，当管理层持有较多股票期权时，公司往往发放很少的股利，更多地倾向于回购股票从而抬高股价。Carter 和 Lynch（2001），Chance 等（2002）以及 Chen（2004）发现，管理层能够在股价下滑且股票期权无法行权的情况下，要求董事会对期权重新确定行权价。

三、简评与启示

综上所述，股权激励到底是解决代理问题的有效手段，还是成为代理问题的一部分？在理论上有两种不同的观点，同时，在实证上也有相应不同的经验证据。作为股权激励效应的两种理论，最优契约论和管理层权力论都是从代理理论出发，但完全从两个相反的方向来展开分析的。最优契约论认为，董事会是股东的忠诚代表，他们始终以股东利益最大化为己任，会与经管者签订公平议价的薪酬契约，这种契约与股东直接与经管者签订的契约是完全等同的，从而经管者股权薪酬安排是解决股东与管理者之间代理问题的方法。与最优契约论一样，管理层权力论也建立在股东与经管者代理问题的基础上。但在管理层权力论下，经管层俘获了公司董事会，经管层有影响自己薪酬的权力，经管层股权激励不再是解决代理问题的工具，而成了代理问题的一部分，或者说是代理问题产生的结果。

进一步分析，我们会发现，最优契约论和管理层权力论其实不是相互排斥的，管理层权力论不是对最优契约论的替代，二者实际上分析了同一个问题的两个方面。正如管理层权力论也承认的那样，管理层有影响自己薪酬的权力，但权力会受到股东、董事会和市场的约束，有时还受到薪酬方案所带来的“公愤”（Outrage）的影响。一个薪酬方案所带来的公愤程度越大，董事就越不愿批准，管理层也越不会首先主动提出。有时，一个损股东而利管理层的薪酬计划是否会被采纳，很大程度上取决于公众等外部人的看法（Johnson，Porter 和 Shackell，1997；Thomas 和 Martin，1999）。2009 年金融危机形势下各国政府纷纷出台的“高管限薪令”应该是“公愤”影响高管薪酬的一个最好例证。

应该说，管理层权力论最重要的理论意义在于，股权激励不是一个孤岛，它和公司治理等配套制度密切相关。换言之，只要完善所有权结构，提高董事会的独立性和有效性，充分发挥内部和外部的监督作用，股权激励是可以接近最优薪酬契约的。

随着在股权分置改革中形成的限售流通股逐步被解禁，全流通时代已经来临。股份全流通消除了股权的定价分置，使得控股股东（非流通股股东）和中小股东（流通股股东）的利益有了共同的基础，公司股价能够反映包括控股股东在内的所有股东的目标，同时，全流通也使得经理层努力程度更可能通过公司股价得以反映，并可以被股东低成本地观测到。因此，股份全流通为上市公司实施股权激励创造了条件。而2005年《公司法》与《证券法》的修订，扫清了旧有法律、法规在实施股权激励的股票来源和流通方面的障碍。中国证监会、国务院国有资产监督管理委员会、财政部等有关部门在2006年颁布的《上市公司股权激励管理办法》和《国有控股上市公司（境内）实施股权激励试行办法》两个文件则拉开了我国上市公司股权激励改革的序幕。据两文件发布的2006年底上海证券报与美世咨询对百家上市公司进行调研后发现，70%的被调研企业表示，将在今后12个月内实施或引入股权激励计划。根据Wind资讯的统计，截至2009年5月，沪深两市已有137家上市公司公告或实施了股权激励计划。根据最优契约论，股权激励有助于协调股东与经理层之间的利益关系，是完善公司治理的重要内容。基于我国上市公司长期存在的高管激励不足问题，股权激励制度的改革被有关各方视为是完善公司激励机制，提高上市公司质量的重要举措。然而，管理层权力论及国外相应的实践经验也在警示我们，在对我国上市公司进行股权激励改革的时候，应重视相关公司治理等配套制度的跟进，关注上市公司外部治理环境的改善，切实从制度上保证股权激励成为解决代理问题的机制，而不是代理问题的来源。

第二节　国内关于股权激励效应的研究

一、规范性的探讨

国内对经理层股权激励的关注由来已久，有学者从规范的层面上表达了对股权激励问题的关心（金雪军、余津津，2000；何德旭，2000；丁汉鹏，2001；支晓强，2003；李银珠，2006，等）。可能是由于1999年9月党的十五届四中全会明确提出国有企业可以继续探索“试行经理（厂长）年薪制、持有股权等分配方式”的缘故，文献大都在2000至2003年前后，集中于股票期权激励问题的探讨。例如，金雪军、余津津（2000）分析了股票期权激励机制对于国有企业改革的重要意义，指出我国实施股票期权激励机制存在着外部市场环境和相关法律制度等方面的制约条件，并认为国有企业在借鉴国外经验引入股票期权激励机制时，应该注意薪酬设计的科学性、规范性以及结构比例，可在发达地区、行业属性好、成长性好的企业中率先实施并逐步推广实行。何德旭（2000）剖析了20世纪90年代末我国经理股票期权探索实践中存在的问题，认为探索中的经理股票期权是在我国当时条件下进行了多方面的“改良”，很不成熟、很不规范；要实施经理股票期权，并真正发挥其作用，必须妥善解决好一系列问题，建立和完善与之配套的制度和政策环境。丁汉鹏（2001）研究了公司价值的形成与股权激励适用对象选择之间的关系，认为公司价值的衡量对于判定股权激励对象具有决定作用；作者通过对公司三种价值形态（账面价值、核心价值与市场价值）形成的分析，提出股权激励适用对象的选择原则。支晓强（2003）对管理层持股与业绩之间的关系进行了理论分析，试图揭示出管理层持股的作用机理，指出简单地认为管理层持股有助于改善企业业绩的观点失之偏颇；管理层持股的有效性受企业内外各种因素的制约。李银珠（2006）认为股票期股薪酬制度能对代理人产生显著的激励与约束作用，较好地解决两权分离下的代理问题；在我国现阶段，由于法律环境、市场机制、公司治理结构等尚不完善，股票期股薪酬制度相对于其他制度安排更为有效。上述文献探讨股票期权激励机制时，大都强调了外部制度环境的完善对实施股票期权激励的重要性，但只限于规范性的讨论，没有提供经验证据。

二、实证检验

（一）高管持股激励效应的检验

由于以股票期权和限制性股票等为主要形式的真正意义上的股权激励最近才在上市公司展开，因此既有的实证研究大多是从高管持股的角度来进行的（魏刚，2000；李增泉，2000；张小宁，2002；朱国泓和方荣岳，2003；李维安和张国萍，2005；俞鸿琳，2006；王华和黄之骏，2006；夏纪军和张晏，2008；等）。但大多数研究结果表明，我国上市公司股权激励效应较弱，或基本不存在。如，魏刚（2000）研究认为经营者持股与公司经营绩效之间不存在显著的正相关关系；李增泉（2000）研究发现，经营者年度报酬与企业的业绩并不相关，但是与企业规模密切相关，并表现出明显的地区差异；张小宁（2002）利用2000年沪市上市公司数据分析发现总经理报酬与公司业绩没有线性关系，但董事长持股与否影响公司业绩。朱国泓和方荣岳（2003）于2002年11

月通过向沪市的全部A、B股上市公司发放问卷的方式对股权激励问题进行了研究，调查结果显示上市公司对管理层持股存在极大的需求，但相关政策不明朗、法律法规不健全导致了众多上市公司没有实行管理层股权激励；管理层持股有助于优化公司的激励制度与效果，增强管理层的责任心，对公司治理和公司绩效有非常重要的作用，但对公司内部控制、会计信息质量可能有负面影响。李维安和张国萍（2005）综合评价了中国上市公司治理机制和相关绩效。也发现，上市公司对高管采用基于股权的长期激励机制的样本公司的比例极小。作者认为，强化经理层的股权激励机制，特别是提高经理层的持股数量对改善上市公司的每股收益、净资产收益水平有较大影响。俞鸿琳（2006）采用FE模型检验上市公司管理者股权和公司价值之间的关系，结果发现，对于全部上市公司和非国有上市公司，管理者持股水平和公司价值正相关，但并不显著；而对于国有上市公司，管理者持股水平和公司价值负相关，并在10%的水平上显著。研究认为，由于政府对国有上市公司的控制，股权结构高度集中，董事会机制不完善，国有上市公司管理者股权激励机制可能并没有发挥设想的激励效应。

也有研究发现股权激励与公司绩效之间呈非线性关系。如：王华和黄之骏（2006）以2001－2004年高科技上市公司为研究样本，研究了中国上市公司经营者股权激励、董事会组成与公司价值的内生互动关系，发现经营者股权激励与公司价值之间存在显著的倒U型曲线关系。张宗益和宋增基（2002）以1997年12月30日前上市的129家沪市A股上市公司（包括同时发行B股）为研究总样本，以1999年度为研究窗口，实证检验了上市公司经理持股与公司绩效之间的关系，结果支持了Morck等（1988）的研究结论，即随着经理持股份额的增加，经理行为从“利益趋同”到“利益侵占”又回到“利益趋同”。

此外，值得注意的是，与上述研究结论不同，夏纪军和张晏（2008）研究发现，我国上市公司大股东控制权与管理层股权激励之间存在显著的冲突，而且冲突与股权性质、公司成长速度相关。民营控股公司中的冲突程度显著弱于其他类型公司，国资委控股公司中的冲突显著强于其他类型的公司；而公司成长速度越快，大股东控制权与管理层股权激励之间的冲突越强。作者认为，研究结果能够很好地解释我国国有上市公司中股权激励效果不显著、甚至出现负效应的经验现象。

众所周知，在我国，高管层持股有着特殊的制度背景，它实际上是企业产权制度改革的结果，而不完全出于对高管层激励的需要，因此，这就决定了基于高管层持股的检验并不能完全解释我国股权激励的弱效应现象。

（二）股权激励效应的检验

受相关政策导向的影响，1998 年以后至 2005 年之前我国企业积极探索各种不同形式的股权激励模式，为股票期权激励研究提供了鲜活的素材。周建波和孙菊生（2003）以 2002 年 4 月 30 日前公布的 2001 年报中披露的已经对经营者进行股权激励的上市公司为样本，运用 34 家上市公司的经验证据考察了公司治理特征、经营者股权激励与公司经营业绩提高之间的关系，结果表明，实行股权激励的公司，在实行股权激励前业绩普遍较高，存在选择性偏见；经营者因股权激励增加的持股数与由第一大股东选派的董事比例显著正相关；董事长和总经理由同一人兼任的公司，经营者因股权激励增加的持股数显著高于两职分离的公司；成长性较高的公司，公司经营业绩的提高与经营者因股权激励增加的持股数显著正相关；强制经营者持股、用年薪购买流通股以及混合模式的激励效果较好；对于那些内部治理机制弱化的公司，经营者存在利用股权激励机制为自己谋利掠夺股东利益的行为。顾斌和周立烨（2007）选取了在 2002 年以前实施股权激励的 64 家沪市上市公司作为样本，通过对剔除行业影响后的上市公司高管人员股权激励效应进行实证研究，指出目前我国上市公司高管人员股权激励的长期效应不明显；从行业角度看，交通运输行业的上市公司股权激励效果最好。罗富碧、冉茂盛和杜家廷（2008）运用我国上市公司 2002－2005 年的面板数据，对我国上市公司高管人员股权激励与投资决策之间交互作用及内生关系进行了实证检验，研究发现，实行股票增值权公司的投资量较其他激励模式公司的投资量更大；我国上市公司高管人员股权激励与投资满足内生决定的关系。很显然，由于制度环境的限制和相关法律规范的障碍，我国企业探索出的各种股权激励模式的激励效果并未能完全发挥出来，进而也影响了相关实证研究结果的可靠性。

随着在股权分置改革的完成以及 2006 年《上市公司股权激励管理办法》和《国有控股上市公司（境内）实施股权激励试行办法》两个文件的出台，拉开了我国上市公司股权激励改革的序幕，真正意义上的股权激励在上市公司中被陆续实施，与其实施相关的问题引起人们广泛的关注。吕长江、郑慧莲、严明珠和许静静（2009）以 2005 年 1 月 1 日至 2008 年 12 月 31 日公布股权激励计划草案的公司为样本，研究了我国上市公司设计的股权激励方案的特征及其激励效应。研究发现，上市公司设计的股权激励方案既存在激励效应又存在福利效应。研究认为，上市公司可以通过激励条件和激励有效期的改善，来增加股权激励方案的激励效果。激励型公司和福利型公司存在差异的原因在于公司治理结构安排。他们还以泸州老窖的股权激励方案为例，提出了如何设计合理股权激励方案的若干建议。胡国强和彭家生（2009）以2005－2007年我国A股市场实施股权激励的上市公司及其配对样本为研究对象，采用Logistic回归法，考察了股权激励与财务重述的相关关系。研究发现，实施股权激励的公司发生财务重述的可能性显著高于未实施股权激励的公司；相比基于业绩的股权激励模式，实施基于股价的股权激励模式的公司发生财务重述的可能性更高。研究结论支持了有股权激励尤其有基于股价的股权激励模式的上市公司其经营者可能有短期盈余操纵行为的观点。张宏敏、单鑫和朱敏（2009）以股权分置改革后，中国上市公司2006－2008年的数据为基础，以股票期权薪酬绩效敏感度（PPS）作为研究变量，对股票期权薪酬激励效果的影响因素进行了实证分析。结果表明：成长性机会高的公司、资产负债率低的公司、股权集中度低的公司实施的股票期权激励效果显著得更好；私营性质上市公司股票期权激励效果显著得更好。程仲鸣和夏银桂（2008）在代理理论的框架下，基于中国国有企业与制度变迁背景，就经理人股权激励与公司价值关系进行了分析，并以2001－2006年宣告实施股权激励的国有上市公司为样本，实证检验了股权激励对公司价值的改善作用。结果发现，对国有企业的经理人实行股权激励能提高公司价值，受地方政府控制的公司，股权激励更能明显增加公司价值。并且，股权分置改革这种制度变迁进一步改进了原有的激励效果。上述研究发现为理解国有企业治理机制的改善、资本市场改革提供了一个有益的视角。

可见，已有学者对2006年股权激励制度改革后公布或实施股权激励的效果进行了研究，但既有的研究并未重视我国上市公司特有的治理结构和制度环境对股权激励有效性的影响。正如已有的规范研究所关注的那样，外部制度环境和公司治理结构对我国股权激励效果有着至关重要的影响。国资控股是我国上市公司的基本治理特征，而政府干预是影响我国公司治理有效性的关键因素。政府干预是否会影响上市公司对股票期权激励机制的需求？国资控股从而政府干预对股票期权激励的有效性有何影响？这些问题还有待作进一步的深入研究。

第三章　我国股权激励的发展与现状

我国高管人员的股权激励制度的发展大约经历了三个阶段，即 1998 年以前的高管人员持股阶段，1998 年以后至 2005 年之前的“变通”股权激励的探索阶段以及 2005 年以后的真正意义上的股权激励阶段。

第一节　作为产权制度改革的高管人员持股阶段

国内绝大部分有关股权激励的文献均以高管人员持股为研究对象，广义上，高管人员持股也是一种股权激励方式，然而，在我国，高管人员持股有着特定的历史背景。

我国上市公司中包括高管人员在内的内部职工持股是随着股份合作制、股份制试点发展起来的，是产权制度改革的结果，而不完全出于对经理层激励的需要。在 80 年代末 90 年代初，一部分乡镇集体企业和城市中的少数国有企业、街道集体企业开始探索多种所有制并存的企业制度形式，以内部集资的形式开始了企业产权制度改革，并形成了企业内部职工股。部分实行了股份制改组的企业，经过规范后在我国证券市场建立之初成为第一批上市公司，其中内部集资形成的职工股就成为上市公司内部股。大部分由国有企业改制而来的上市公司在上市的过程中都不同程度地实行了内部职工持股计划。从各地实践来看，内部职工股的发行主要有两种运作方式：一种是职工以现金购买本公司股票，购买份额有最高量限制。第二种是从改制企业原有的资产中分割一部分给职工配股，配股数量多少一般依据职工的工作业绩来定，但也有的企业实行“人头股”。

理解中国 90 年代职工持股过程的最好线索，是根据政策环境的变化。有关职工持股的政策环境经历了 80 年代后期到 1994 年中期的“鼓励与规范”、1994 年底开始的“限制上市转让”和 1998 年 11 月以后的“不再审批”三个阶段。从 80 年代后期到 1994 年中期，政策着力点是鼓励和规范国有企业改制的过程中设置一部分内部职工的持股。1989 年 6 月发布的《中国人民银行关于加强企业内部集资管理的通知》第一次对股份制企业发行内部职工股作出了相应的规定，指出要“对企业内部集资实行统一管理，分级审批，并有额度限制”。随后，为了规范股份制改组，国家体改委于 1992 年颁布的《股份有限公司规范意见》也规定，“定向募集公司内部职工认购的股份，不得超过公司股份总额的百分之二十”，后来这个比例下调到百分之二点五，并规定这部分持股从配售之日起满三年后才能上市转让；“社会募集公司的本公司内部职工认购的股份，不得超过公司向社会公众发行部分的百分之十”，并明确这部分股份在本次发行股票上市后六个月内可上市转让。由于有了上市转让的可能性以及由此而带来的巨大的获利机会，各地以定向募集方式设立的股份公司数量急剧增加。出于市场套利的冲动①，实际上没有取得计划额度的公司也暗地里向职工发放股权证，并形成了一股强烈的内部职工持股风潮。为此，国家体改委于 1993 年 4 月和 1994 年 6 月两次发出“关于制止发行内部职工股不规范做法的通知”和“关于立即停止审批定向募集股份有限公司并重申停止审批和发行内部职工股的通知”，在实际上停止了以定向募集方式设立股份有限公司及以该方式发行内部职工股的做法②。并且，中国证监会在 1995 年 10 月发出的《关于对股票发行中若干问题处理意见的通知》也强调，“凡各地、各部门在 1995 年新股发行中安排的定向募集公司，其职工内部股获得发行额度的，经审查通过后可随新股一起上市流通；没有发行额度的，从新股发行之日起，期满三年后方可上市流通”。1996 年 12 月发布的《关于股票发行工

① 这种自发的扩股冲动主要源自内部职工股的巨大收益。因为，当时内部职工股的发行价格远低于股票市场的交易价格，而国家相关文件又同时规定，股份有限公司的股票发行上市后，内部职工股可以在一定条件下上市流通。例如，《股份制企业试点办法》指出，“不向社会公开发行股票的股份有限公司在转为向社会公开发行股票时，其内部职工持有的股权证，应换发成股票，并按规定进行转让和交易”；证监会于 1996 年颁布的《关于股票发行工作的若干规定的通知》虽然对内部职工股的上市流通作出了一定的限制，但仍然规定“原定向募集公司经批准转为社会公开募集公司的，其内部职工股，从新股发行之日起，期满三年方可上市流通”。这样，不向社会公开发行股票的股份制企业内部职工持股就有望内部权证在一年或稍长时期内获得相应的换发股票，并期望日后能上市交易，在股市上以高价位套现高额收益。

② 参见 1993 年 4 月 3 日的《国务院办公厅转发国家体改委等部门关于立即制止发行内部职工股不规范做法意见的紧急通知》和 1994 年 4 月 6 日的《国家体改委关于停止审批定向募集股份有限公司并重申停止审批和发行内部职工股的通知》。

作若干规定的通知》中对职工股上市与持股份额又进一步进行了规定，指出“原定向募集公司经批准转为社会公开募集公司时，其内部职工股，从新股发行之日起，期满三年方可上市流通，凡采取募集设立的股份公司，本公司职工按不超过社会公众股10%的比例认购股票，但人均不得超过5000股”。《股票发行与交易管理暂行条例》以及《公司法》[①]等也都对企业发行职工股的比例作出了相应的限制。由于这些规定，内部职工股被迅速降温，发行范围也大幅缩小。后来发现，内部职工股被某些人用作侵吞公司资产、贿赂政府官员以及从事非法交易的工具和载体，于是，中国证监会在1998年11月发出《关于停止发行公司职工股的通知》禁止新上市企业发行内部职工股。因此，从1999年开始，我国新上市的股份有限公司股权结构中已经不存在通过赋予内部职工包括高级管理人员一定股权以提供激励机制和福利的做法了。

由此可见，我国上市公司高管层持股实际上是国有企业产权制度改革的结果，源于有关方面在企业所有制改革中，对国有企业的产权主体缺位问题的考虑（张帆，2003），并且，在实际执行中，内部职工股的设置从而高管层持股最终沦为公司对包括高管层在内的职工的短期福利，而不能对持股对象形成激励和约束。由于在执行过程中出现了各种各样的问题，1998年11月25日，中国证监会作出决定，取消了公司职工股。因此，1998年11月25日以前上市的公司，高管人员通过内部职工股的形式获得了一些股票，其中一些仍然持有。这之后，尽管法律上允许公司高管人员持有一定公司股票，但实际购买公司股票的高管人员几乎没有。公司董事和高管持有股份主要是公司创业者持有的巨额股权，也有很少一部分通过奖励方式授予高管的股票。

第二节　“变通”股权激励的探索阶段

我国上市公司从20世纪90年代初开始就对股票期权激励制度进行了积极的探索和实践，但是，由于制度环境的制约和法律方面的障碍，

① 参见1993年4月22日颁布实施的《股票发行与交易管理暂行条例》和1993年12月29日颁布的《中华人民共和国公司法》。

股权激励多为“变通”方式，且很难发挥真正意义上的股票期权激励的效果。

一、“变通”股权激励的探索历程

对于企业经营管理层激励制度的探索，我国自改革开放以来一直在进行。20 世纪 80 年代，在国有企业广泛推行承包责任制，后被实践证明是并不成功的一次探索。承包制下由于存在事后谈判的可能，导致企业经营者“负盈不负亏”；而短期契约的特征则决定了企业经营的短期化倾向，到 1992 年，承包制实际上已基本不再实行。20 世纪 90 年代末开始，在部分国有企业和国有控股上市公司试行年薪制。与承包责任制相比，年薪制是一种进步，主要体现在年薪制形成了基本工资和效益工资这样一个基本框架。但是，年薪制从总体上而言依然是一种短期激励契约，没有将经理人员与公司长远发展联系起来，这样的制度安排仍未解决经营行为短期化倾向的问题。

1999 年 8 月份出台的《中共中央国务院关于加强技术创新，发展高科技，实现产业化的决定》中提出：允许和鼓励技术、管理等生产要素参与收益分配。在部分高新技术企业中进行试点，从近年国有净资产增值部分中拿出一定比例作为股份，奖励有贡献的职工特别是科技人员和经营管理人员。1999 年 9 月，党的十五届四中全会在《中共中央关于国有改革和发展若干重大问题的决定》中明确提出“建立和健全国有企业经营管理者的激励和约束机制，实施经营管理者收入与企业的经营业绩挂钩”以及“管理、技术等生产要素可以参与企业分配”等指导思想，特别指出国有企业可以继续探索“试行经理（厂长）年薪制、持有股权等分配方式”，这是中央第一次明确将“持有股权”作为建设高素质的经营管理者队伍、建立和健全国有企业经营管理者的激励和约束机制、实行经营管理者收入与企业的经营业绩挂钩的一项重要举措写进了党的重要文件，也是第一次将“持有股权”作为一种新的分配方式，正式推到了企业和公众的面前，为我国探索经营者持股等企业分配制度提供了政策导向。

在 2000 年 3 月的“人代会”上，朱镕基总理的政府工作报告中更加明确地提出了应深化企业劳动、人事分配等各项制度改革，建立企业激励、约束机制，在一些企业试行经理年薪制、持有股权等分配方式。2001 年 3 月《国民经济和社会发展第十个五年计划纲要》中指出：建立健全收入分配的激励机制，要提高国有企业高层管理人员、技术人员的工资报酬，充分体现他们的劳动价值，可以试行年薪制。对国有上市公司负责人和技术骨干还可以试行期权制。同时建立严格的约束、监督和制裁制度。至此，关于企业股票期权激励在政策层面上有了更为明确的依据。受政策导向的影响，从 1999 年开始，上海、武汉、杭州、北京等地先后在股权激励方面进行了一系列的探索，在当时的法律、政策法规框架下，摸索出了上海模式、武汉模式、北京模式等具有中国特色的股权激励实践方法。

对上市公司来说，最早探索股票期权激励机制的公司可能是深圳万科（陈清泰、吴敬琏，2001），1993 年万科聘请香港专业律师协助起草并制定了严密规范的“职员股份计划规范”，计划为期 9 年（1993－2001 年），分三个阶段实施。后来由于相关法律法规的限制，第一阶段的“认股权”于 1995 年转为职工股后一直没有上市，万科因此也就停止了职工持股计划第二阶段的实施。1994 年至 1997 年之间，沪深股市中有 8 家上市公司开始进行股权激励的探索，其激励模式主要为员工持股和员工收购，带有明显的职工福利色彩，在这些企业的职工股上市之后，很多公司员工即抛售了所持有的公司股票。

对股权激励自发的探索性实践，反映了上市公司对长期性激励的内在需求。为了更好地引导和规范上市公司的股权激励实践，在 1998 至 2000 年间，国务院发展研究中心会同财政部、证监会、原国家经贸委等有关部门组成课题组，专门研究股票期权激励制度①。研究报告提交决策部门之后，决定首先在中国海外上市公司和部分境内上市公司中开展试点。

对境外上市公司实施股票期权激励，是为了适应国外盛行股权激励这一主流形势，并有助于消除境外投资者对我国境外上市公司管理层道德风险的顾虑。对于在境外上市企业来说，如果股东是民营企业或自然人，则其经理层股票期权激励计划仅仅受上市交易所的约束，一般来说

① 1998 年底，国务院发展研究中心、原国家经贸委、财政部、中国证监会等部门联合成立了股票期权课题组，由吴敬琏等专家任课题组成员，专门赴美国进行了为期 3 个月的专题考察；并于 2001 年 9 月 14 日召开了“中国企业经营者激励与约束机制—股票期权激励制度研讨会”，出版了相关专著。与此同时，深圳证券交易所综合研究所也组织力量进行了专门研究，并公布了相关研究报告。

激励计划比较完备。因此，我国在NASDAQ、香港创业板上市的多数民营高科技公司，几乎全部实施了较为完备的经理层股票期权激励计划，例如：在NASDAQ上市的新浪、网易、盛大网络等公司；以及在香港创业板上市的金蝶软件等。而对于国有控股的境外上市公司来说，则要受到我国有关国有资产管理法规的约束。2001年起，我国国务院决定在部分海外上市的国有控股公司中试点股票期权计划，批准了中国移动、中国联通、中国海油和中粮国际四家红筹股公司进行股票期权的试点。所以，注册地在香港的上述4家红筹股公司，其高层管理人员可享受比较完整的股票期权激励计划。而H股的高层管理人员则无法享受真正的股票期权激励，至多仅拥有模拟的认股权。例如：根据中国海洋石油有限公司（香港联交所股票代码883）2001年8月发布的当年中期业绩报告，首次向投资者全面披露了该公司的股票期权方案。时任董事长兼CEO和其他4位高管人员分别获授50万股到28万股不等的公司股份期权。

对于境内的上市公司，中国证监会于1999年曾经批准分别在上海证交所、深圳证交所上市的上海贝岭和中兴通讯开展股票期权试点，但此后没有了下文。随后，有几家上市公司（如长春亚泰等）自行开展股票期权激励试点，却都先后被财政部、证监会叫停。但是，许多公司在现有法律框架的限制约束下，采取了多种变通方式，“绕道”实施了不同形式的股权激励。从1999年开始，股权激励在企业中的应用有了较大的发展，不同行业、不同类型和处于不同发展阶段的许多上市公司开始尝试进行股权激励的制度安排，出现了一些新的股权激励的模式。2000年7月，鉴于越来越多的上市公司实施了或准备实施股权激励，证监会对股权激励成本的会计处理方式作出了规定，从2001年开始，上市公司的股权激励成本不得再作为利润分配处理，而统一计入公司的成本费用。这样，股权激励成本的避税效应也有利于2001年开始实施股权激励的公司相对业绩的改善。据统计，截至2003年底，沪深股市1200多家上市公司中，已有不到200家实施了不同类型的股权激励，占所有上市公司的比例近15%（胡经生，2005）。

二、“变通”股权激励的方式

从实践中来看，我国上市公司已经实施的股权激励具体方式有近10种，包括业绩股票、股票增值权、经理层购股、变相股票期权、管理层收购、虚拟股票、延期支付、经营者持股和复合模式等。下面分述之。

(1) 业绩股票，是指公司根据被激励者业绩水平，以普通股作为长期激励形式支付给经营管理者。其基本模式通常是，公司在年初确定业绩目标（大多以净资产收益率作为考核标准），激励对象若在年末达到预定目标，则公司授予其一定数量的股票或提取一定的奖励基金购买公司股票。这一激励模式是当时股权激励运用最为广泛的一种方式，采用这一方式的上市公司有嘉宝集团、佛山照明、福地科技、天药股份、升华拜克、天津泰达、福建三农等。这种方式通常会显著地增加公司高管人员的薪酬水平，但所增加的奖励基金大部分通常被要求用于购买股票并在一定期限内予以锁定。因此，这种方式不仅增强了公司高管的薪酬激励，更重要的是将高管能够实现的报酬水平与公司股票价格水平联系起来，从而对公司高管形成了长期性的激励。由于国有股管理体制和法人股场外转让的限制，采取业绩股票这一激励方式在股票的来源方面，唯一可行的是购买二级市场流通股。用高管人员的奖励基金购买二级市场流通股，并锁定股票的转让，虽然可以达到延期支付和股权激励的目的，但二级市场价格走势对这种方案的成败起到了很大的影响。

(2) 股票增值权，是公司给予激励对象的一种权利，即激励对象可以在规定时间内获得规定数量的股票价格上升所带来的收益，但不拥有这些股票的所有权，也不拥有表决权和配股权。按照合同的具体规定，股票增值权的实现可以全额兑现，也可以部分兑现；其实施可以用现金实施，也可折合成股票，还可以是现金与股票的组合。国内的上市公司在制定这类激励计划时，一般还规定限制条件，如：中石化的关键绩效指标；三毛派神的净资产增值指标，等等。股票增值权把公司高管人员的长期收入与公司股价挂钩，其实是一种变相的股票期权制度。这种股权激励模式既可以不受我国当时法律法规的限制，又可以实现股票期权一定的激励功能，简单易行，具有较强的可操作性。但是，股票增值权模式对上市公司的现金流产生了比较大的压力，尤其是公司股票在二级市场价格上涨幅度巨大时，其将会给上市公司带来巨大的现金流压力。

(3) 经理层购股，是指公司经理层购买一定数量的本公司股票并在一定期限内锁定。具体购买方式有两种：或者公司强制要求经理层自行出资购买；或者受益人购买而公司以低价方式补贴。后者是国内公司通常运用的具体方式，实施的公司有浙江创业、中远发展、浙大海纳、隆平高科，等等。

（4）管理层收购（MBO），是指公司管理层利用杠杆融资购买本公司股份。通常是，上市公司管理层和员工共同出资成立职工持股会，或者管理层出资成立新的公司作为收购主体，一次性或多次通过受让原股东持有的上市公司国有股或国有法人股，从而间接成为上市公司的参股或控股股东。实施的公司有尖峰集团、钱江生化、宇通客车、粤美的、深圳方大、佛塑股份，等等。

（5）变相股票期权，是指以本公司的某个机构代表受权者购买股票，或委托外面的基金公司代购股票，然后再授予本公司经理层股权期权的做法。这种在国内运用的较少，实践中仅有清华同方、长源电力实施。

（6）虚拟股票（Phantom Stock），是指公司授予经理层一种“虚拟”的股票，激励对象可据此享受相应的分红权和股价升值收益，但是不拥有真正的股票所有权，也没有表决权，不能转让和出售，一旦离职自动失效。这种方式实质上是奖金的延期支付。实践中有上海贝岭、银河科技公司采用。

（7）延期支付，是指公司将经理层的部分薪酬，特别是年度奖金、股权激励收入等按照当日公司股票市场价格折算成股票数量，存入公司为经理层单独设立的延期支付账户，在既定的期限后或该经理人员退休之后，再以公司股票形式或根据期满时的股价以现金支付给激励对象。实施该方式的公司有宝信软件、三木集团、武汉中商、武汉中百、鄂武商等。

（8）参股本公司的关联企业以享受股权收益，是指在上市公司的控股股东或其下属企业改制的过程中，公司经理层获准对此类关联企业进行参股甚至控股。这种方式可以避开当时国家对参股上市公司的政策限制，使公司经理层可以享受到关联企业的股权收益。采用这种方式的公司有广州药业、天目药业、东大阿派、春兰股份、浙江阳光等。

（9）复合股权激励模式，即对上述多种股权激励模式的综合采用。采用这种方式的公司有广州药业和吴忠仪表。以广州药业为例，该公司自2001年起实施长期激励机制，以净资产利润率12%作为考核目标，达标后按照不高于公司当年利润的6%提取激励基金进行奖励，激励对象获取的激励基金由其委托给公司统一指定的受托人，在规定时间内以受托人名义购买相应数量的广州药业股票；另一方面，广州药业对下属的两家子公司进行了改制，以每股净资产作价各增资扩股10%，用于持股计划，允许其高层经理人员、中层核心管理与技术人员按不同比例入股。

从上述的我国股权激励探索历程可以看出，上市公司对股权激励这一长期激励模式有着强烈的自发性需求，然而，由于来自《公司法》和《证券法》等法律及其他制度方面的障碍，我国上市公司在 1999－2005 年间制定和实施的股权激励方案，处于初步的探索阶段，尽管有了较为丰富的激励形式和各种方案，但真正得到有效实施的并不多，还没有真正的股票期权计划，很多方案制订后根本没有实施过，涉及的股票数量也非常有限，股权激励的作用没有充分得到发挥。

第三节　真正意义上的股权激励阶段

2005 年以后，制约上市公司股票期权激励的制度环境和法律障碍发生了空前的巨大变革，我国上市公司股权激励迎来了新的历史发展阶段。

一、实施股权激励的制度环境之改善

始于 2005 年的股权分置改革为上市公司实施股票期权激励创造了制度环境。我们知道，由于公有制的意识形态，在我国证券市场发展初期，上市公司股份被划分为流通股和非流通股两个部分，非流通股包括国家股、发起法人股、外资法人股、募集法人股、内部职工股和其他未流通股，而流通股包括 A 股、B 股和 H 股等。基于市场稳定及为国企改革和脱困服务的考虑，这一划分在股票市场后来的发展过程中被保留下来，形成了我国证券市场上一个独特的制度设计。据统计，截至 2004 年底，我国上市公司总股本约 7149 亿股，其中非流通股份约 4543 亿股，占上市公司总股本的 63.55％，国有股份在非流通股份中占 74％①。

这一独特的设计虽然符合了当时的特定需要，但却给我国证券市场发展和上市公司的治理带来了很多严重的后果。首先，股权分置扭曲了正常的市场利益机制，客观上导致了非流通股股东与流通股股东在利益取向上的巨大差异，从而引发了非流通股股东在 IPO、配股、增发以及股利分配活动中对流通股股东利益的刻意侵害。正如吴晓求（2004）所分析的那样，股权分置是上市公司疯狂追求高溢价股权融资以及市场内幕交易盛行的制度基础；它扭曲了上市公司控股股东或实际控制人的战

---

① 引自中国资本市场发展报告（中国证监会，2008）。

略行为；造成了股利分配政策的不公平；使中国上市公司的并购重组带有浓厚的投机性。其次，我国股票市场中非流通股的存在，影响了市场预期的稳定性，使市场价格发现功能、资源配置功能等难以实现。

鉴于这一独特制度设计的诸多负面影响，从2004年开始，股权分置问题被提上了讨论和解决日程①。2004年2月，国务院发布了《关于推进资本市场改革开放和稳定发展的若干意见》（俗称“国九条”），明确提出要“积极稳妥解决股权分置问题”。2005年4月29日，经国务院批准，中国证监会发布了《关于上市公司股权分置改革试点有关问题的通知》，标志着股权分置改革试点正式启动。紧接着，沪深证券交易所又发布《上市公司股权分置改革试点业务操作指引》。随即，首批参加股权分置改革试点的四家上市公司先后公布了试点改革方案。2005年9月，上海汽车、民生银行等40家上市公司披露了股改方案，股权分置改革全面展开。改革的核心是：第一阶段，非流通股股东以支付对价的方式来换取流通权，非流通股股东支付对价后，其股票性质就变为限售股；第二阶段，限售股按照约定时间上市流通。历经近两年，上市公司的股权分置改革在2007年底已经基本完成。在近三年的股权分置改革过渡期（非流通股全部正式流通前的限售期，国家规定最长36个月）结束后，我国股票市场将进入全流通时代。

股权分置改革消除了股权的定价分置，使得控股股东（非流通股股东）和中小股东（流通股股东）的利益有了共同的基础，公司股价能够反映包括控股股东在内的所有股东的目标，同时，股份全流通也使得经理努力程度更可能通过公司股价得以反映，并可以被股东低成本的观测到。由于控股股东股权价值和二级市场股价的关联度提高，控股股东更加关注公司的市值。为了促进公司市值的增长，上市公司控股股东必须努力提高公司业绩，同时，也更有激励对经理层实施基于股价的考核激励机制。2006年上海证券交易所对300家国有上市公司的一项问卷调查显示，59％的国有上市公司的董事会表示会将市值作为管理层考核指标。因此，股权分置改革的完成以及随之而来的股份全流通，为上市公司实施股权激励创造了条件。

① 1999年12月至2002年6月期间，我国曾三次尝试通过使用国有股减持办法来实现包括国有股在内的非流通股变现问题。由于国有股减持对市场造成了严重的冲击，市场股价表现出一改就跌，一停就涨的现象，因此，三次改革尝试，每次均以失败告终。

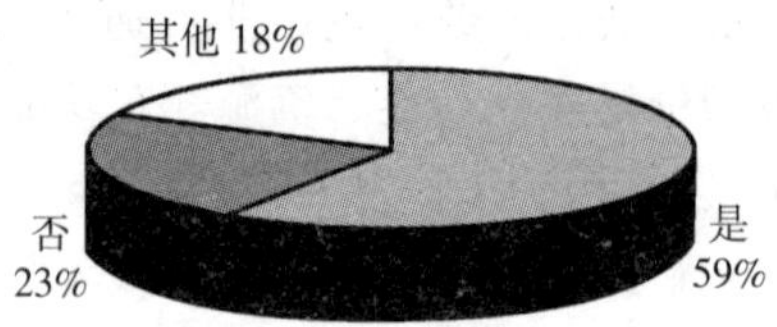

图 3－1 公司董事会是否会将市值作为管理层考核指标①

二、实施股权激励的法律障碍之消除

2005 年《公司法》与《证券法》的修订，扫清了旧有法律、法规在实施股权激励的股票来源和流通方面的障碍。众所周知，我国 2005 年修订前的老《公司法》禁止上市公司非减资或合并而回购本公司股份。老《公司法》第一百四十九条规定："公司不得收购本公司的股票，但为减少公司资本而注销股份或者与持有本公司股票的其他公司合并时除外。公司依照前款规定收购本公司的股票后，必须在十日内注销该部分股份，依照法律、行政法规办理变更登记，并公告。"由于不能回购本公司的股票，又没有库藏股等其他来源，实施股票期权激励的股票来源问题在旧公司法框架下难以解决。2005 年修订的新《公司法》则在公司回购股份方面作出了调整，新《公司法》第一百四十三条规定："公司不得收购本公司股份。但是，有下列情形之一的除外：（一）减少公司注册资本；（二）与持有本公司股份的其他公司合并；（三）将股份奖励给本公司职工；（四）股东因对股东大会作出的公司合并、分立决议持异议，要求公司收购其股份的。"第一百四十三条同时规定，公司为了将股份奖励给本公司职工而收购的本公司股份，不得超过本公司已发行股份总额的百分之五；用于收购的资金应当从公司的税后利润中支出；所收购的股份应当在一年内转让给职工。可见，新《公司法》在公司回购股份上的修订，为了上市公司解决实施股票期权的股票来源奠定了法律基础。

除了解除股票来源方面的限制以外，新《公司法》和《证券法》还扫清了旧有法律、法规在实施股权激励的股票流通方面的障碍。高管人员通过各种类型的股权激励计划获得公司股票或者股票认购权后，只有通过出售股票才能实现股权激励的预期收益。在美国，高管人员可以在

① 资料来源：上海证券交易所研究中心（2006）。

公司有重要信息披露的窗口期以外出售所获股票。然而，我国老的《公司法》第一百四十七条规定：“发起人持有的本公司股份，自公司成立之日起三年内不得转让。公司董事、监事、经理应当向公司申报所持有的本公司的股份，并在任职期间内不得转让。”老的《证券法》第六十七到七十条的有关条款也规定高管人员不得买入或卖出本公司股票。这样的规定，使得高管人员在任职期间根本无法实现股权激励的预期收益，从而严重制约了股权激励计划对高管人员的激励效果。新《公司法》在此方面放宽了规定，如在第一百四十二条中，新《公司法》规定：“公司董事、监事、高级管理人员应当向公司申报所持有的本公司的股份及其变动情况，在任职期间每年转让的股份不得超过其所持有本公司股份总数的25%；所持本公司股份自公司股票上市交易之日起一年内不得转让。上述人员离职后半年内，不得转让其所持有的本公司股份。公司章程可以对公司董事、监事、高级管理人员转让其所持有的本公司股份作出其他限制性规定。”显然，根据新《公司法》第一百四十二条，公司董事、监事、高级管理人员可以在规定的范围内出售所持有的本公司股份，而不是在任职期间内不得转让。由于股票期权激励方案本身就需要对高管层因激励而获股份的出售作出相应限制，因此，新《公司法》第一百四十二条虽然对高管层出售股份仍有限制，但这种限制已不再对公司实施股权激励构成障碍了。

三、股权激励现状之考察

在相关制度环境和法律障碍发生了变革的同时，中国证监会、国务院国有资产监督管理委员会、财政部等有关部门于2006年颁布了《上市公司股权激励管理办法》和《国有控股上市公司（境内）实施股权激励试行办法》两个文件，拉开了我国上市公司股票激励改革的序幕。据两文件发布的2006年底上海证券报与美世咨询对百家上市公司进行调研后发现，70%的被调研企业表示，将在今后12个月内实施或引入股权激励计划。根据上海万得信息技术有限公司的统计，自股权分置改革试点的2005年开始，至2009年3月31日，在此期间共有137家公司公布了股权激励方案，其中，2005年有6家，2006年有38家，2007年有9家，2008年有72家，2009年有12家公布了股权激励方案。从股权激励方案的实施进度来看，在此期间，有34家公司的股权激励计划处于董事会预案阶段；有12家公司的股权激励方案被股东大会通过；已进入实施阶段的有 36 家公司；此外，另有 55 家公布了股权激励计划的公司在此期间停止了方案的实施。从所采取的具体激励方式上看，106 家公司采取的是股票期权激励方式，30 家采用的是限制性股票，另有 1 家公司采用的是股票增值权方式，可见，股票期权已成为现阶段我国上市公司所愿意采用的最主要的股权激励方式。

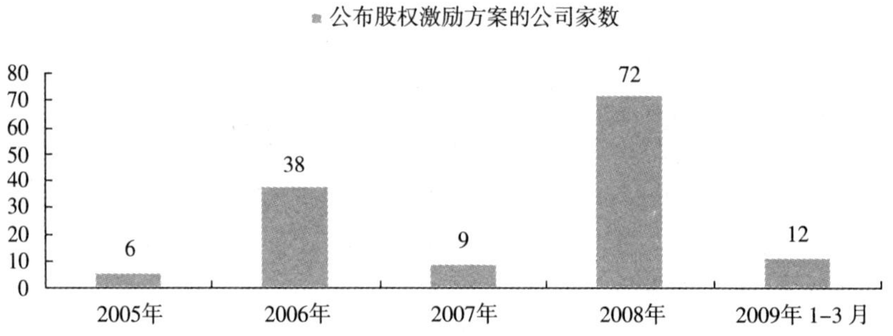

图 3－2　公布股权激励方案的上市公司的年度分布

从行业分布来看，公布了股权激励方案的公司所涉及的行业极为广泛。由表 3－1 中“公布家数”和“占公布总家数比例”两栏可知，13 大类行业均有公司公布股权激励计划（按证监会行业分类标准划分），其中，制造业中，除木材、家具次大类（行业代码为 C2）外，公布股权激励计划的公司涉及其他所有 9 个次大类行业。在公布股权激励方案的公司中，制造业的公司最多，有 76 家，占所有公布股权激励方案公司的 55.47%；其次是信息技术业，有 20 家公司公布了股权激励计划，占所有公司的 14.60%；有 12 家房地产业的公司公布了激励计划，占所有公司的 8.76%，位居第三；公布股权激励方案最少的行业是采掘业和传播与文化产业，均只有 1 家公司。在制造业中，机械、设备、仪表类公司更倾向于选择股权激励，有 19 家公布了激励计划，占所有制造业公司的 25%；其次分别是医药、生物制品类，金属、非金属类，以及石油、化学、塑胶、塑料类，分别有12、11和10家公布了股权激励方案①。

表3-1 公布股权激励方案公司的行业分布

行业代码及名称	公布家数	占公布总家数比例（%）	行业总家数	占行业总家数比例（%）
A农、林、牧、渔业	6	4.38	39	15.38
B采掘业	1	0.73	32	3.13
C制造业	76	55.47	938	8.10
其中：C0食品、饮料	4	5.26	62	6.45
C1纺织、服装、皮毛	3	3.95	72	4.17
C2木材、家具	0	0	6	0
C3造纸、印刷	3	3.95	35	8.57
C4石油、化学、塑胶、塑料	10	13.16	175	5.71
C5电子	9	11.84	71	12.68
C6金属、非金属	11	14.47	144	7.64
C7机械、设备、仪表	19	25	250	7.6
C8医药、生物制品	12	15.79	103	11.65
C9其他制造业	5	6.58	26	19.23
D电力、煤气及水的生产和供应业	2	1.46	64	3.13
E建筑业	3	2.19	34	8.82
F交通运输、仓储业	2	1.46	65	3.08
G信息技术业	20	14.60	99	20.2

① 按Wind行业分类标准划分，公布股权激励方案公司的行业分布是：半导体与半导体生产设备类4家，材料Ⅱ类19家，多元金融类1家，房地产类14家，公用事业类Ⅱ2家，技术硬件与设备类14家，家庭与个人用品类1家，零售业4家，媒体Ⅱ类1家，耐用消费品与服装类11家，能源Ⅱ类1家，汽车与汽车零部件类2家，软件与服务类8家，食品、饮料与烟草类8家，食品与主要用品零售Ⅱ类1家，消费者服务Ⅱ类1家，银行类1家，运输类2家，制药、生物科技与生命科学类12家，资本货物类30家。其中，资本货物类最多，其次是材料Ⅱ类，然后是房地产类和技术硬件与设备类。

（续表）

行业代码及名称	公布家数	占公布总家数比例（%）	行业总家数	占行业总家数比例（%）
H 批发和零售贸易	8	5.84	94	8.51
I 金融、保险业	2	1.46	27	7.41
J 房地产业	12	8.76	70	17.14
K 社会服务业	2	1.46	49	4.08
L 传播与文化产业	1	0.73	12	8.33
M 综合类	2	1.46	73	2.74
合计	137	100	1602	8.55

注：行业按证监会行业分类标准划分（除制造业按次大类划分，其他以大类为准，共有 22 个行业）。“公布家数”系指该行业公布股权激励方案的公司家数；“占公布总家数比例”系指该行业公布股权激励方案的公司家数占公布股权激励方案的公司总家数的比例；“行业总家数”系指某行业所属公司的总家数；“占行业总家数比例”系指该行业公布股权激励计划的公司家数占该行业所属公司总家数的比例。上市公司所属行业类别及家数的统计以 2008 年为基准，数据来源于北京色诺芬（SinoFin）信息服务有限公司开发的 CCER 数据库。

从“公布家数”、“行业总家数”和“占行业总家数比例”三栏可见，信息技术业 99 家上市公司中有 20 家公司公布了股权激励方案，方案公布比例最高，达 20.2%。显示出，相对于其他行业，信息技术业的公司更倾向于选择股票期权激励。这与股权激励的“人才需求假设”相符：根据“人才需求假设”，高速成长的信息技术行业对人才的需要很大，这导致该行业人才流失严重，为了留住人才信息技术行业中的公司更有动机选择股权激励（Anderson，Bank 和 Ravindran，2000）。这一结果也与朱武祥和戚熠璇（2002）基于我国的实证研究结论相一致：在我国，人力资本及其控制的无形资产对高科技企业价值的贡献相对于有形资产的重要性大大提高，而这些资源通常被内部关键人员所控制，并且信息化建设迅猛发展给企业带来了信息技术人才的奇缺，因此，在我国，信息技术行业会更有动机选择股权激励。从表 3-1 的统计分布还可以看出，房地产业；农、林、牧、渔业；以及制造业中的电子和医药、生物制品行业也有较高的方案公布比例，说明这些行业也更愿意对高管层实施股权激励。

表3-1的统计结果还显示，电力、煤气及水的生产和供应业；交通运输、仓储业；采掘业的方案公布率较低，分别只有3.13%、3.08%和3.13%，由于上述行业均属高管制行业（夏立军和陈信元，2007），这一结果支持了国外的理论预期（Demsetz 和 Lehn，1985；Smith 和 Watts，1992）：处在高度监管行业中的公司，高管的自由决策空间相对较小，好与坏的决策所产生的后果也相对较轻，因此，这类行业中的公司选择股票期权激励的需求也较小。这一结果也与 Smith 和 Watts（1992）、D. Yermack（1995）以及 Anderson，Bank 和 Ravindran（2000）等人的经验研究结论相一致。

根据公布股权激励方案公司的行业分布情况的分析，可以看到，我国信息技术业的上市公司更倾向于选择股票期权激励，而电力、煤气及水的生产和供应业；交通运输、仓储业；采掘业等属于高度管制行业的公司，则对股票期权激励的需求较小。我国公布股权激励方案的公司在行业分布上所表现出来的特征，与国外的相关理论预期和经验证据相一致。除了行业特征以外，我国公布股权激励方案的公司在公司治理方面有何特殊的表现？我国上市公司特有的治理特征对股票期权激励有效性有何影响？对这些问题的回答有待进一步的深入研究。

第四章　国资控股与我国上市公司的治理特征

第一节　国企改革与上市公司的国资控股

一、国企改革与证券市场的发展

证券市场发展的规范从根本上决定了上市公司治理结构的制度安排，而国有企业改革的方向则在根本上左右了证券市场的运行轨迹，因此，了解我国证券市场的发展和国有企业改革的过程是把握我国上市公司治理特征的关键。

（一）国有企业的改革历程

国有企业是我国国民经济的支柱。1978 年以来，围绕国有企业的改革，我国政府进行了一系列的组织创新和制度变革，其中历经“经营权改革”、“产权制度创新”、“战略性调整”等三个阶段。

第一阶段是以“扩权让利”、“两权分离”为主要内容的经营权改革阶段（1978—1992 年：从十一届三中全会到党的十四大召开）。其中又可分为“扩权让利”和“两权分离”两个阶段。

以“放权让利”为主的改革阶段（1978—1984 年）。1978 年 12 月召开的具有划时代意义的十一届三中全会，提出要认真解决党政企不分、以党代政、以政代企的现象，让企业有更多的经营管理自主权。从 1978 年 10 月开始，四川、北京、上海等地就先后进行改革试点。到 1980 年，试点企业迅速发展至 660 多家，在 1981 年，扩权改革在国营工业企业中全面推行。与 1978 年之前中央和地方之间的行政性分权改革不同，这一阶段改革的主要内容包括：政府下放部分权力，扩大企业自主权；实行责、权、利相结合的经济责任制；出台“两步利改税”措施；对投资体制进行改革，实行“拨改贷”。

以“两权分离”为主的改革阶段（1985—1992 年）。1984 年 10 月，十二届三中全会通过《中共中央关于经济体制改革的决定》，确立了社会主义经济是“公有制基础上的有计划的商品经济”，提出了生产资料所有权与经营权相分离的改革思路。此后，国有企业改革步伐加快。通过改革，试图实现政企分开，使国有企业成为自主经营、自负盈亏的经济实体。这一阶段改革的主要内容是：实行两权分离，搞活国有企业，具体形式包括承包制、租赁制、股份制等；实行计划与市场相结合的经济调节方式，使国有企业面向市场，具体形式是1985年出台的“价格双轨制”以及“调放”结合的价格改革。

第二阶段是以建立现代企业制度为目标的产权制度创新阶段（1992—2002年：从党的十四大到十六大）。其中具体分为“制度创新”和“抓大放小”两个阶段。

以“制度创新”为主的改革阶段（1992—1995年）。以1992年邓小平同志南方谈话以及党的“十四大”提出建立社会主义市场经济体制为标志，国有企业改革由放权让利、两权分离进入了产权制度创新的新阶段。1992年7月，国务院颁布实施了《全民所有制工业转换经营机制条例》，明确了国有企业转换经营机制的目标，制定了落实企业14项经营自主权的具体措施。1993年11月，十四届三中全会做出《中共中央关于建立社会主义市场经济若干问题的决定》，明确提出，国有企业的改革方向是建立“产权清晰、权责明确、政企分开、管理科学”的现代企业制度。从1995年开始，国务院确定在全国100家国有企业中进行现代企业制度试点工作，使试点企业成为自主经营、自负盈亏、自我发展、自我约束的法人实体和市场竞争主体。

以“抓大放小”为主的改革阶段（1996—2002年）。1995年9月，十四届五中全会提出，要着眼于搞好整个国有经济，对国有企业实施战略性改组，搞好大的，放活小的。1997年9月召开的十五大，强调要调整和完善所有制结构，探索公有制的多种实现形式，从战略上调整国有经济布局，对国有企业实施战略性改组。1999年9月，十五届四中全会进一步提出，国有经济应该有进有退，有所为有所不为；应该积极探索公有制的多种有效实现形式，大力发展股份制和混合所有制经济。

第三阶段是构建和完善国有产权监管体制，对国有产权实施战略性调整阶段（2002年以后至今）。

2002年11月党的十六大和2003年3月的“两会”在国有企业产权制度改革上作出了一系列重大决策，主要包括：一是明确了要保护一切合法的财产权；二是建立多种所有制共同发展的基本经济制度；三是改革国有资产管理体制；四是探索公有制特别是国有制的实现形式，推进市场主体投资多元化，等等。决定对大型和特大型同时又是关系国民经济命脉的国有企业进行股份制改造，对大量中小企业特别是竞争性领域的中小企业进行各种形式的非国有化改造。2003 年 4 月国有资产监督管理委员会正式成立，专司国有企业的改革与国有资产的管理工作。2003 年 10 月，十六届三中全会通过了《中共中央关于完善社会主义市场经济体制若干问题的决定》，明确指出要建立归属清晰、责任明确、保护严格、流转顺畅的现代产权制度。第一次表明产权改革是企业改革的核心。在国资委成立以后，国企改革的重点是在产权改革的基础上建立国资的监管制度和改善企业的经营机制。通过所有权的改革逐步建立健全国有资产管理体制和现代公司治理结构，同时进行国有资产的战略性重组和结构调整，保持国有经济在重要领域的控制力，并提升国有企业的竞争力。

（二）股份制改造与证券市场的发展

“放权让利”和“两权分离”阶段的国企改革，主要集中于经营权的调整，始终未能真正解决国有企业经营机制不灵活和资本金严重不足的问题，经济发展需要寻找新的企业改革和制度创新形式。以 1992 年 10 月党的“十四大”提出建立社会主义市场经济体制为标志，我国经济体制的市场化取向改革进入了配套实施的新阶段，国有企业改革也不再局限于经营权的调整，而是产权制度改革的深化与其他体制的配套改革协同推进。

我国国有企业试行股份制最早始于 1984 年①，而 1986 年 12 月国务院颁布的《关于深化企业改革增强企业活力的若干规定》决定推行多种形式承包制的同时，在部分国有企业进行股份制试点，则标志着我国国有企业股份制有步骤地试验工作正式拉开序幕。在此以后，各地特别是上海、深圳、武汉、重庆以及福建等经济比较发达、改革开放较早的省市先后选择了一些国有企业进行股份制试点，并相继制定了本地的股份制试点法规。随着股份制试点规模的逐步扩大和股票市场的逐步形成，

① 1984 年 7 月，北京天桥百货股份有限公司宣告成立，这是我国首家实行股份制的企业。

股份制的规范和完善已成为迫切需要解决的问题。1992 年 5 月，国家体改委、国家计委、国务院生产办等 5 部门印发了《股份制企业试点办法》，该办法是新中国成立以来第一个关于股份制试点的全国性政策文件，对试点的目的、原则、企业组织形式、组建和审批等作了详细规定，还明确企业股权设置分为国家股、法人股、个人股和外资股四种形式。随后，国务院又陆续批准下发了《股份有限公司规范意见》、《有限责任公司规范意见》、《股份制试点企业宏观管理的暂行规定》以及《股份制试点企业会计制度》等 14 个配套文件，引导和规范股份制试点的推进。这一系列有关股份制试点文件的颁布和执行，改变了股份制试点缺乏全国性法规的状况，推进了股份制试点工作的全面开展。仅 1992 年一年就新批准成立了 400 多家股份制企业，截至同年底，全国股份制试点企业已多达 3700 多家（李增泉，2002）。

但是，由于体制改革不到位，大多数国有企业改制后的董事会、总经理仍采用政府任命的办法产生，特别是国有资产管理体制改革的严重滞后，使占改制公司股权大部分的国有股仍旧缺乏明确的代理主体。另外，如何规范改制企业中由股东会、董事会和总经理构成的“新三会”与由党委会、职工代表大会和工会组成的“老三会”之间的关系，国家也缺乏明确的制度规定，严重制约了股份制企业的有效运行。为此，1992 年 10 月召开的党的“十四大”明确提出将建立现代企业制度作为国有企业改革的方向，并在 1993 年十四届三中全会通过的《中共中央关于建立社会主义市场经济体制若干问题的决定》中，进一步明确了国有企业建立现代企业制度的目标和步骤。根据上述要求，国务院于 1994 年 11 月颁布了《关于选择一批国有大中型企业进行现代企业制度试点的方案》，决定在全国选择 100 家不同类型的国有企业进行建立现代企业制度的试点。与此同时，各部门、各地区也选择了 2598 家不同类型的国有企业进行建立现代企业制度的试点，这标志着国有企业建立现代企业制度的试点工作全面展开。从总体上看，国家以及各部门、各地区确定的上述现代企业制度试点企业通过进行公司制改造，在改革产权制度、实现产权主体多元化以及规范法人治理结构、形成有效制衡机制等方面都取得了一定进展。1997 年的“十五大”报告和 1999 年十五届四中全会通过的《关于国有企业改革和发展若干重大问题的决定》中再一次强调了建立和完善现代企业制度对国有企业改革的重要性，并指出“公司制是现代企业制度的一种有效组织形式。公司法人治理结构是公司制的核心”。

与股份制试点展开的同时，80年代末上海、深圳等地陆续开始出现以股票、债券为主要形式的有价证券的交易活动，上海、深圳两地政府先后出台了一些地方性法规对当地的证券市场进行监管。中国人民银行作为金融主管部门，国家体改委作为国家经济体制改革主管部门也先后介入证券市场的监管。上海证券交易所和深圳证券交易所就是在这样的背景下，分别于1990年11月和1991年4月经国务院和中国人民银行总行的批准设立。总体而言，我国证券市场在1992年之前主要由中国人民银行主管，国家体改委、其他政府机构和上海、深圳两地政府参与管理。

随着股份有限公司的发展和上市流通股票的增加，证券市场对国民经济的影响开始显现出来。为了促进证券市场的健康发展，国务院于1992年10月成立了国务院证券委员会（简称证券委）和中国证券监督管理委员会（简称证监会），并于同年12月发布了《关于进一步加强证券市场宏观管理的通知》，明确指出证券委是国家对全国证券市场进行统一宏观管理的主管机构，证监会是证券委的监管执行机构，并将发行股票的试点从上海、深圳等少数地方扩展到全国。随后，各省、自治区、直辖市、计划单列市和原省会计划单列市也相继组建了隶属于地方人民政府的证券监管机构。从1996年3月开始，证监会授权部分地方证券和期货市场行使部分监管职责，形成了中央和地方分级监管的全国证券市场监管体系。1997年，中央决定由中国证监会对上海证券交易所、深圳证券交易所和各期货交易所实行垂直管理，并分别在上海和深圳设立了监管专员办事处。1998年，国务院证券委撤销，其职能并入中国证监会，并对证监会的职能、内设机构和人员编制以及各地证券监管机构作了规定。1999年，中国证监会在天津、沈阳等11个城市设立了监管办公室或办事处。从而，一个覆盖全国的三级证券监管体制初步形成。

综上可见，我国证券市场是萌芽于传统计划经济体制内，在社会主义市场经济体制框架下孕育，并伴随着国有企业公司制改革的过程快速成长起来的。从1990年和1991年沪深两个证券交易所成立至今，在短短20年内，我国证券市场得到了迅速的发展。截至2009年12月，我国境内上市公司总数已达 1718 家，总市值为 243939.12 亿元[①]。然而，一个需要特别引起关注的现象，就是我国证券市场上绝大多数的上市公司都由国有企业（或政府部门）控股（包括绝对控股和相对控股）。从 90 年代初沪深两个证券交易所设立以后，得以公开发行股票、进入交易所挂牌上市的企业，几乎清一色是由原来的国有企业改制而来的，并且国有股在这些上市公司中无一例外地占据着控股地位。虽然一些上市公司从股权结构上来看，似乎没有国有股，但占据控股地位的一些法人股，从其最终持有人的性质来看，其实质也都是国有企业。近年来，随着发行机制的改革和对上市公司频繁实施兼并重组，尽管民营控股上市公司日渐增多，但国有控股上市公司占据我国证券市场主导地位这一状况并没有太多改变。据统计[②]，截至 2008 年底，沪深两地的上市公司中，由国有资本最终控股的企业占 60%以上。实际上，我国证券市场的产生与国有企业改革的进程有着密切的联系，并且在其发展过程中，不仅被赋予了优化资源配置的功能，更肩负着为国有企业改革服务的重大使命。毫无疑问，了解上述现象的制度根源对于研究我国上市公司的治理结构至关重要。

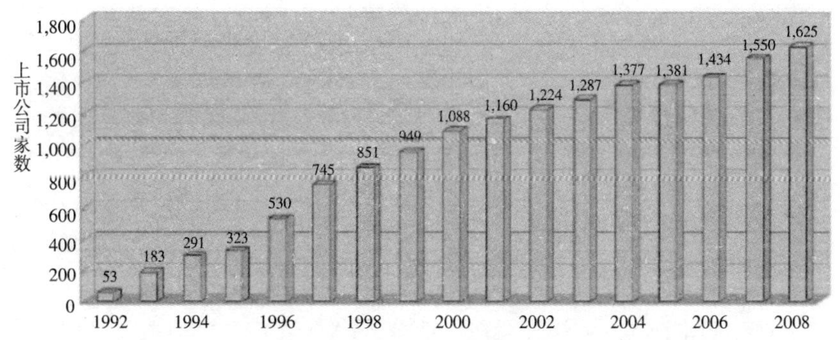

图 4－1　中国境内上市公司数量年度变化（1992—2008 年）

资料来源：中国证监会（http：//www.csrc.gov.cn.）

① 统计数据来自中国证监会网站 http：//www.csrc.gov.cn.

② 笔者根据 CCER 数据库的统计。

二、改制上市与上市公司的国资控股

（一）证券发行的制度安排与国企优先

1. 证券发行的制度安排

基于社会基础、市场环境和立法观念的不同，各国证券发行制度主要包括注册制、核准制和审批制三种模式。由于脱胎于传统的计划经济体制并源于国有企业改革的需求，与自由市场上实行的注册制不同，我国证券发行长期实行的是审批制——一种比欧洲大陆国家通常采用的核准制更为政府主导型的发行审核制度。在我国证券市场设立初期，由于证券发行上市尚未实行全国统一管理，公司上市的选择权主要由当地政府行使（李树华，2000）。自 1992 年国务院证券委和中国证监会成立以后，随着全国性证券市场的逐步形成，证券发行开始实行全国统一的行政审批制度，也就是，从 1993 年起，证券发行开始采用以“计划管理、规模控制”为特征的审批制，并且，这一制度安排一直延续到 1999 年 7 月《证券法》开始实施并要求我国股票发行实行核准制为止。

表 4－1 各国股票发行审核体制比较

市场	上海证券交易所	深圳证券交易所	纽约证券交易所	纳斯达克证券市场	伦敦证券交易所主板	伦敦证券交易所 AIM 市场	香港证券交易所主板	香港证券交易所创业板
发行审核体制	核准制	核准制	注册制	注册制	注册制	注册制	注册制	注册制

资料来源：中国资本市场发展报告（中国证监会，2008）。

在审批制下，拟发行公司在申请公开发行股票时，一般要经过以下申报和审批程序：①拟发行公司在征得地方政府或中央企业主管部门同意后，向所属证券管理部门提出发行股票的申请；②公司公开发行股票的申请报告由所属证券管理部门受理，审查汇总后进行预选资格初步审定；③被初步选定发行股票的公司向所属证券管理部门呈报企业总体情况资料，经审核同意报转中国证监会核准发行额度后，公司可正式制作申报材料；④公司向准备挂牌上市的证券交易所呈交企业总体情况资料，提出上市申请，证券交易所上市部初审通过后，出具上市承诺函；⑤有关证券管理部门收到公司申报材料后，根据有关法律法规，对申报材料是否完整、有效、准确、合法等进行初步审查，审查通过后，转报中国证监会复审；⑥中国证监会收到复审申请后，由发行部对申报材料进行初审，审核通过后提交给中国证监会股票发行审核委员会复审；⑦公司股票发行申请经中国证监会发审委复审通过后，由中国证监会出具批准发行的有关文件，并就公司股票发行方案进行审核。

从上述程序可以看出，地方政府和行业主管部门掌握了选择发行公司的实际决定权，证券监管部门主要负责上市额度的核准和对申报材料的审查，在这种审批制下，从企业的选择到发行上市的整个过程具有浓厚的行政审批色彩，而市场机制在股票发行中几乎不起作用。为了实现自身目标，各地政府和行业主管部门都倾向于优先选择其下属的国有企业来发行股票，而非国有企业则难以获得股票发行资格。

审批制的另一特征是对股票发行实行规模控制，即每年先由证券主管部门下达公开发行股票的总规模，并在此限额内向各地方和部委切分额度，再由地方或部委确定预选企业，上报证监会审批。1992 年 12 月，国务院颁发《关于进一步加强证券市场宏观管理的通知》，明确提出采用“总量控制、划分额度”的办法来控制股票发行规模，其中规定，“一九九三年证券的发行规模，由证券委根据有关部门提出的计划，结合全国经济发展情况提出计划建议，经国家计委综合平衡后，报国务院审批。分地区、分部门的年度规模，由国家计委会同证券委下达”。由于额度有限，各地和各部委在给定的额度范围内往往尽可能多选择一些公司上市。因而，这一时期上市的公司的股本规模一般都较小。

鉴于划分额度的办法出现的问题，1996 年 12 月，中国证监会发布了《关于股票发行工作若干规定的通知》，其中指出，“为了扩大上市公司的规模，提高上市公司的质量，1996 年新股发行采取‘总量控制、限报家数’的管理办法”。在发行家数被限定的情况下，为了从股票市场获得更多的资金，各地和各部委往往推荐大规模公司发行股票，因此这一时期上市的公司的规模有所增加，但同时也出现了将不相关企业“捆绑上市”的情况。

1998 年 12 月，全国人大颁布《证券法》，并于 1999 年 7 月 1 日开始实施，其中要求我国股票发行实行核准制。此后，股票发行审核制度开始向核准制过渡，政府原则上不再下达规模控制指标[1]。但以往的发行额度准许跨年度使用，例如，根据证监会 2000 年 6 月颁布的《关于 1997 年底股票发行计划指标有关问题的通知》，1997 年的额度一直可以使用到 2000 年。实际上，与股票发行审批程序一样，从计划经济体制下诞生出来的股票发行规模控制法不可能在短期内彻底改变（夏立军，2005）。

2000 年 3 月，中国证监会颁布《股票发行核准程序》，规定股票发行采用核准制。具体程序为：①发行人按照中国证监会颁布的《公司公开发行股票申请文件标准格式》制作申请文件，经省级人民政府或国务院有关部门同意后，由主承销商推荐并向中国证监会申报；②中国证监会受理申请文件后，对发行人申请文件的合规性进行初审；③中国证监会对按初审意见补充完善的申请文件进一步审核，并在受理申请文件后 60 日内，将初审报告和申请文件提交发行审核委员会审核；④发行审核委员会按照国务院批准的工作程序开展审核工作，委员会进行充分讨论后，以投票方式对股票发行申请进行表决，提出审核意见；⑤依据发行审核委员会的审核意见，中国证监会对发行人的发行申请作出核准或不予核准的决定。此外，该《程序》还要求，“主承销商在报送申请文件前，应对发行人辅导一年”。因此，股票发行核准制度实际上于 2001 年 3 月正式实施。

2001 年 3 月，中国证券业协会受中国证监会委托，颁布了《关于证券公司推荐发行申请有关工作方案的通知》，推出核准制下的配套办法“通道制”[2]。所谓“通道制”（又称“推荐制”），是指由中国证券业协会根据各具有主承销商资格的券商上年承销业务数量确定其所拥有的发股通道数量，券商将拟推荐的企业逐一排队、按序推荐并按照核准 1 家再上报 1 家的程序来推荐股票发行公司的制度。在通道制下，发股通道具体落实哪家公司不再由地方政府或中央主管部门决定，而券商根据拟发股公司的具体情况决定。

---

① 1993 年、1994 年、1996 年和 1997 年四年的发行额度分别是 50 亿元、55 亿元、150 亿元和 300 亿元人民币，1995 年因市场低迷未下达额度。

② 券商一次可以推荐的企业数量即为通道个数。根据上年主承销家数的多少，券商的通道个数分为 8 家（上年承销 10 家以上）、6 家（上年承销 5 至 10 家）、4 家（上年承销 1 至 5 家）、2 家（上年承销 0 家）四种类型。

2003 年 12 月，中国证监会颁布《证券发行上市保荐制度暂行办法》，自 2004 年 2 月 1 日起施行。2004 年 1 月，中国证监会颁布《关于实施〈证券发行上市保荐制度暂行办法〉有关事项的通知》，其中规定，“自首批保荐机构和保荐代表人名单公布之日起，中国证监会只受理保荐机构提交的证券发行上市推荐文件”。换而言之，“保荐制”代替了“通道制”。2004 年 12 月，中国证券业协会颁布《关于废止证券公司推荐发行申请有关工作方案规定的通知》，2005 年 1 月 1 日起“通道制”正式废止。

不难看出，我国的新股发行审核制度一直处于不断的变革之中，而变革的基本方向则是在股票发行制度中逐步引入市场化机制。很显然，与审批制相比，2001 年开始正式实行的核准制减少了政府的审批程序，使股票发行更加市场化。特别是，2006 年证监会先后推出《上市公司证券发行管理办法》、《首次公开发行股票并实施管理办法》、《证券发行与承销管理办法》及相应配套规则，形成了全流通模式下的新股发行体制，进一步强化了新股发行的市场约束，提高了发行效率。但是，正如中国资本市场发展报告（中国证监会，2008）所指出的那样，现行股票发行体制仍然采用行政色彩较浓的核准制，行政控制环节过多、审批程序复杂等问题依然存在，发行人资格审查、发行规模、发行乃至上市时间等，在很大程度上都由监管机构决定。此外，由于设立股份公司、申请发行股票等事项仍需经过省级人民政府或主管部委批准，地方政府或主管部委对发行公司仍然具有很大的选择权。

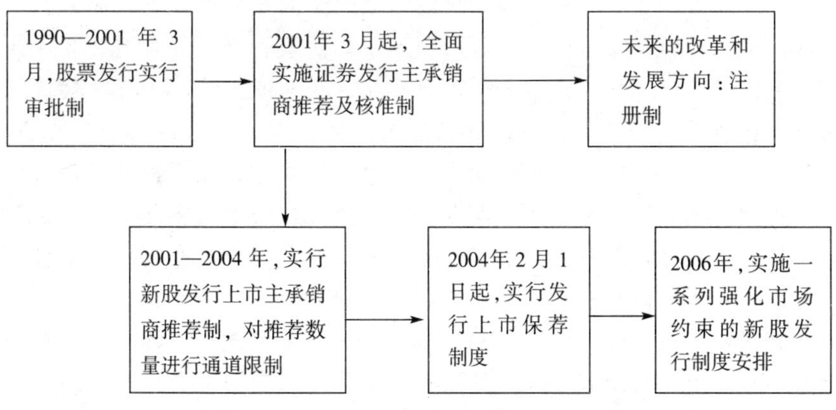

图 4－2　我国股票发行制度演进

资料来源：中国资本市场发展报告（中国证监会，2008）

2. 国企优先

与我国证券市场特殊的产生背景和发展过程相对应，不同所有制类型的企业在发行股票时并不是公平竞争的，国有企业享有实质上的优先权。

首先，企业能否实行股份制或发行股票需要经过地方政府或主管部委批准，而地方政府或主管部委为了实现自身目标，往往优先考虑其下属的国有企业。例如，1992 年 5 月颁布的《股份制企业试点办法》规定："股份制试点企业的组建，由国家体委或省、自治区、直辖市体改部门牵头，会同有关部门审批。股份制企业试点的范围是：①涉及国家安全、国防尖端技术的企业，具有战略意义的稀有金属的开采项目必须由国家专营的企业和行业，不进行股份制试点；②国家产业政策重点发展的能源、交通、通讯等垄断性较强的行业可以进行股份制试点，但公有资产在这些企业中必须达到控股程度；③符合国家产业政策的竞争性较强的行业，尤其是资金技术密集型和规模经济要求高的行业，鼓励进行股份制企业试点。"

1994 年 3 月，国家国有资产管理局颁发的《股份制试点企业国有股权管理的实施意见》进一步指出，"具有超额利润水平和垄断收益能力的国有企业一般不应列入股份制试点，以免稀释国有股权。但其中亟待转换经营机制，急需以股本方式筹集资金的国有企业，也可以列入股份制试点"。1994 年 7 月 1 日实施的《公司法》第 77 条规定，"股份有限公司的设立，必须经过国务院授权的部门或者省级人民政府批准"。由此可见，企业是否实行股份制，政府考虑的是对重要产业的控制、对垄断利润的保护以及帮组国有企业从资本市场筹集资金，并且地方政府或主管部门具有决定权。在这种情况下，地方政府或主管部委通常会优先考虑将符合条件的国有企业改制设立为股份公司。此外，如上文所述，在首次发行股票方面，由于长期实行以"计划管理、规模控制"为特征的审批制，地方政府和主管部委掌握了选择发行公司的实际决定权。为了实现自身目标，地方政府或主管部委在选择发行公司的过程中也会优先考虑其下属的国有企业。

其次，更重要的是，1996 年以后，中央政府明确提出证券市场要为国有企业改革和脱困服务。作为政府职能部门的中国证监会，自然需要积极地贯彻执行中央政府的宏观政策。1996 年 12 月，中国证监会发布了《关于股票发行工作若干规定的通知》，对选择企业上市的标准作了重大调整，其中指出，“各地、各部门在执行 1996 年度新股发行计划中，要优先考虑国家确定的 1000 家特别是其中的 300 家重点企业，以及 100 家全国现代企业制度试点企业和 56 家试点企业集团”。

1997 年 8 月，中国证监会在北京召开了“利用股票市场促进企业改革座谈会”。会上，国务院副秘书长、国务院证券委主任、中国证监会主席周正庆指出，“当前证券工作的任务和目标，概括起来，就是要做到‘两个服务，两个尽心尽力’。‘两个服务’就是证券工作要努力为加快国有企业改革服务；为集中力量搞好一批关系国民经济命脉、具有经济规模、处于行业排头兵地位的国有大型企业的改革和发展服务。‘两个尽心尽力’就是要通过证券市场的运作，为以资本为纽带，组建跨地区、跨行业、跨所有制和跨国经营的，竞争力较强的大企业集团尽心尽力；为利用直接融资解决国有企业资本金问题，为鼓励上市公司兼并有发展前景、但目前还亏损的企业，实现国有资产优化重组而尽心尽力”。国务院证券委副主任、中国证监会副主席陈耀先则指出，“进一步发展股票市场要紧紧围绕搞好国有大中型企业这个主题”。

1997 年 9 月，中国证监会发布了《关于做好 1997 年股票发行工作的通知》，其中规定，“为利用股票市场促进国有企业的改革和发展，1997 年股票发行将重点支持关系国民经济命脉、具有经济规模、处于行业排头兵地位的国有大中型企业。各地、各部门在选择企业时，要优先推选符合发行上市条件的国家确定的 1000 家重点工业企业、120 家企业集团以及 100 家现代企业制度试点企业，特别要优先鼓励和支持优势国有企业通过发行股票收购兼并有发展前景但目前还亏损的企业，实现资产优化组合，增强企业实力”。

如果说以前政府尚未完全意识到股票市场可以解决国有企业最大的资金短缺问题的话，那么，1996 年和 1997 年的两个《通知》的下发以及中国证监会有关领导的讲话，标志着政府已经明确将股票市场作为此后国有大中型企业改革尤其是筹集资金的重要渠道。自此以后，这一政策基本上延续下来。

不难看出，我国的股票发行上市政策，强调符合国家产业政策，并要求支持国有企业改革发展，其结果必然是，大量国有企业得以优先在证券市场上上市融资。而且，不论是强调符合国家产业政策还是要求支持国有企业，我国的股票发行上市规则都没有将上市企业自身的经营效率和发展前景作为首要的控制标准。这样的制度安排，不管政府是有意还是无意的，客观上刺激了许多劣质国有企业利用政府的这一政策，通过不正当途径获取稀缺的上市资格，并在资本市场上大肆“圈钱”（剧锦文，2003）[①]。

（二）改制上市与上市公司的国资控股

与国有企业股份制改革的进程以及证券市场为国企改革和脱困服务的目标相对应，我国大多数上市公司均为国有资本控股，国有股处于主导地位，并最终为各级政府所持有。国有股被进一步细分为“国家股”和“国有法人股”。非国有资本控股的上市公司则主要来自乡镇企业、集体企业、民营企业直接发行股票上市，或者乡镇企业、集体企业、民营企业、外资企业以及个人收购上市公司国有股而成为控股股东[②]。这些非国有资本所代表的股份在上市公司中体现为“非国有股”。但是，无论是国有股还是非国有股，若不属于社会公众股，则均不能上市流通[③]。

1. 改制上市与资产重组

所谓重组就是指，“现有企业进行股份制改组，将企业部分资产连同负债实行分离，设立两个或两个以上有产权关系或相互独立，没有产权关系的法人”[④]。1994 年 11 月国家国有资产管理局颁布的《股份有限公司国有股权管理暂行办法》规定“国有企业改建为股份公司时，可整体改组，也可根据实际情况对企业资产进行重组”，并指出“企业资产重组必须有利于企业自身发展，有利于提高企业盈利能力和水平，有利于发展专业化分工和社会化服务，资产重组中对原企业实行分立的，必须明确分立后独立于股份公司之外的经济实体的产权管理主体和管理体

① 1997 年 6 月上市的红光实业，就是在这样的政策背景下上市的 100 家现代企业制度试点企业之一，其造假案曝光于 1998 年 9 月。根据中国证监会查实，红光实业公司在其股票发行上市申报材料中，将实亏 10300 万元虚报为盈利 5400 万元，骗取上市资格；上市后，在 1997 年 8 月公布的中期报告中，将实亏 6500 万元披露为盈利 1674 万元，虚构利润 8174 万元；在 1998 年 4 月公布的 1997 年年报中，将实亏 22952 万元（相当于募集资金的 55.9%）披露为亏损 19800 万元，少报亏损 3152 万元。

② 在 1996 年以前，民营企业多以直接发行股票方式上市。从 1997 年起，随着国家对国有企业实施战略性改组，民营企业通过收购上市公司国有股即“买壳”上市发展较快，超过了直接上市的民营公司数量。

③ 这种情况直到 2005 年实行股权分置改革时才开始改变。

④ 引自国家国有资产管理局于 1994 年 3 月颁布的《股份制试点企业国有股权管理的实施意见》。

制，明确其与股份公司的产权关系和经济关系”。

由于相关法规对上市企业的盈利能力有最低的要求[①]，国有企业改制上市前往往要对非经营性资产，甚至是经营性资产予以剥离，以提高企业盈利能力，满足股票发行与上市的相关规定，采用整体改组上市的企业在现实中并不多见。另外，1996 年之前证券发行采用“规模控制、划分额度”的办法，企业流通股规模受到上市额度的限制。如果上市额度小于折股后的全部净资产（国家相关法律规定国有资产的折股率不得低于 0.65），拟上市企业也有必要对相应的资产与负债以及损益类账户进行剥离调整。当然，这并非真实的资产重组过程，只是对企业财务报表的相应调整而已。1997 年之后，政府实行“规模控制、限报家数”的办法，企业流通股的规模已经不再受到上市额度的限制，选择大型企业上市成为各地政府政策追求的目标。但是，如果一些拿到上市指标的企业本身规模不够大或者地方政府分配到指标但却没有足够的可供选择的企业，就会采用捆绑其他企业上市的办法，以筹集到尽可能多的资金。因此，现实中出现了好企业多但指标不够的省份与好企业不多但指标有剩余的省份“联姻”后公开发行股票并上市的情形。并且，为了尽可能提高盈利指标，即便是大企业整体上市或者捆绑上市，也仍然要在上市前对一些非经营性资产或低效的经营性资产进行剥离。

拟改制企业重组后需要界定上市部分资产与非上市部分资产之间的相互关系。根据 1994 年 3 月国家国有资产管理局颁发的《股份制试点企业国有股权管理的实施意见》，“如果实行分离（即进行资产剥离）有利于发展专业化分工和社会化服务，被分离部分一定时期内可以做到独立经营、自负盈亏，则可以考虑分离，实行企业分立。分立后必须明确独立于股份制企业之外的经济实体的产权归属、产权管理主体和管理体制，明确其与股份制企业的产权关系和经济关系。一般情况下，分立后被分离的非股份制经济实体仍为国有企业，该国有企业与股份制企业没

① 例如，1993 年颁布的《股票发行与交易管理暂行条例》要求“原有企业改组设立股份有限公司申请公开发行股票必须近三年连续盈利”。股份有限公司申请其股票在证券交易所交易，也必须有“最近三年连续盈利的记录”；1994 年开始实施的《公司法》规定公司发行新股，除其他条件外，必须“在最近三年内连续盈利，并可向股东支付股利。公司预期利润率可达同期银行存款利率”。股份有限公司申请上市，《公司法》规定要“开业时间在三年以上，最近三年连续盈利。原国有企业依法改建而设立的，或者本法实施后新组建成立的，其主要发起人为国有企业的，可连续计算”。

有产权关系，只有经济（服务）关系”。但在现实中，处理以上问题主要有四种方式[①]，一是将拟改组企业剥离非经营性资产之后的全部资产进行招股募资，原企业法人资格相应取消，由新设立的股份有限公司替代；二是拟改组企业将全部经营性资产联合其他发起人的投入共同招股募资，原企业法人资格取消，由新设立的股份有限公司替代；三是将被改组企业的专业生产经营和管理系统与原企业的其他部门相分离，并分别以其为基础成立两个（或多个）独立法人，直接属于原企业的所有者，原企业的法人地位自动消失，再将专业性生产经营系统改组为股份有限公司；四是将被改组企业的专业性生产经营系统改组为股份有限公司，原企业变为控股公司，原企业非专业生产经营系统改组为控股公司的全资子公司。

2. 国有股与非国有股

由于特殊的股票发审制度安排，我国上市公司绝大多数由国有企业改制而来。然而，在股份制试点的初期，国有股的权益常常得不到有效的保护[②]。为此，国家相关部门在90年代初连续下发了多个文件就国有股权的管理问题作了相应的规定。这些文件主要包括《股份制企业试点办法》（1992年）、《股份制试点企业国有资产管理暂行规定》（1992年）、《股份制试点企业国有股权管理的实施意见》（1994年）、《股份有限公司国有股权管理暂行规定》（1994年）以及1993年底颁布的《公司法》等。上述法规除了特别强调“在股份制企业试点中，必须切实维护公有资产不受侵害；必须坚持股权平等，同股同利，利益共享，风险共担的原则，不准把国有资产以股份的形式分给集体、个人；不准把属于集体的资产以股份形式分给个人”[③] 以外，还对国有企业改制过程中国

① 引自上海证券交易所1998年编写的《企业改制上市行为指南》。

② 国有股权益得不到有效保护的具体表现形式有：(1) 在将国有资产折股时不认真评估国有资产；(2) 用国有资产设置“企业股”或“职工集体股”；(3) 将国有资产无偿地转为股份制企业所有股东共有的公积金或公益金；(4) 将国有企业的一部分（分店、车间、分厂等）单独划出来吸收职工入股；(5) 将国有企业的名牌产品、畅销产品、高利产品无偿或低价地转给有其职工入股的股份制试点企业；(6) 将企业的股票无偿送给职工，或者以低于公开发行价的价格卖给职工；(7) 股份制企业在配股、送股、派息时歧视国有股；(8) 随意缩小国有股的持股比例，损害国有股的权益等。(刘小玄，2001)。

③ 引自1992年5月15日由国家经济体制改革委员会、国家计划委员会、财政部、中国人民银行以及国务院生产办公室联合发布的《股份制企业试点办法》。

有股权的设置问题作了明确的规定。

关于国有股权的法律界定首次出现在1992年5月颁布的《股份制企业试点办法》中。该《办法》由国家经济体制改革委员会、国家计划委员会、财政部、中国人民银行和国务院生产办公室联合发布，其中规定："根据投资主体的不同，股权设置有四种形式，国家股、法人股、个人股、外资股。国家股为有权代表国家投资的部门或机构以国有资产，向公司投资形成的股份（含现有资产折成的国有股份）。法人股为企业法人以其依法可支配的资产向公司投资形成的股份，或具有法人资格的事业单位和社会团体以国家允许用于经营的资产向公司投资形成的股份。个人股为以个人合法财产向公司投资形成的股份。经批准，由外国和我国香港、澳门、台湾地区投资者向公司投资形成的股份，称为外资股"。

1994年3月，国家国有资产管理局颁布了《股份制试点企业国有股权管理的实施意见》，进一步确定了"国家拥有的股份"就是"国家股"，提出了"国有法人股的概念"，并说明了区分"国家股"和"法人股"的目的。1994年11月，国家国有资产管理局、国家经济体制改革委员会发布了《股份有限公司国有股权管理暂行办法》。该《办法》对国有股权的划分进一步规范化、标准化。根据这些规定，国家股和国有法人股都属于国有股，最终均为各级政府所持有。国有股之外的股份自然就是非国有股，包括非国有法人股、内部职工股、社会公众股（A股、B股和H股）等，这些股份最终为乡镇企业、集体企业、民营企业、外资企业或个人所持有。

根据上海证券交易所研究中心（2006）的统计，截至2005年底上海证券交易所全部835家上市公司中，共有662家上市公司设有国有股。占公司总数的79.3%，国有股占上市公司全部股份的比重为50.8%。其中，国有股比例超过30%和50%的公司分别有533家和370家，占公司总数的63.9%和44.35%。由此可以看出，有近2/3的上市公司处于国有股相对控股的地位，有近一半的上市公司处于国有股绝对控股的地位。虽然国有股和非国有股在名义上同股同权，但二者在很多方面存在着差别。为了维护公有制的主体地位、防止国有资产流失，政府对国有股权的管理进行了严格规定。

3. 国有股权管理

我国政府对国有股权的严格管理主要体现在管理主体、股权交易以及控股要求等三个方面。

1994 年 3 月国家国有资产管理局颁布的《股份制试点企业国有股权管理的实施意见》规定：“国有股权管理的专职机构是各级国有资产管理部门。国有股权管理事项，按照产权管理关系，由国家国有资产管理部门决定或报同级人民政府审定”。关于转让国家股股权，《实施意见》要求：“须遵从国家有关转让国家股的规定和有关股票交易的规定，由国家股持股单位提出申请，说明转让目的、转让收入的投向、转让数额、转让对象、转让方式和条件、转让定价、转让时间以及其他具体安排，经过资产管理部门及有关部门审批同意，或报同级人民政府批准”。在控股要求上，《实施意见》规定：“对于特定行业和特定企业以及在本地区经济中占有举足轻重地位的企业，要保证国家股（或国有法人股、该国有法人单位应为纯国有企业或国家独资公司）的控股地位。对于股份有限公司即公众股份公司，国家控股分为绝对控股和相对控股。绝对控股是指国家持股比例高于 50%；相对控股是指国家持股比例高于 30%、低于 50%，但因股权分散，国家对股份公司具有控制性影响。”

1993 年 4 月，国务院国家国有资产管理局颁布的《股票发行与交易管理暂行条例》第四条规定，“股票的发行与交易，应当维护社会主义公有制的主体地位，保障国有资产不受侵害”。1994 年 11 月国家国有资产管理局颁布的《股份有限公司国有股权管理暂行办法》将“贯彻以公有制为主体的方针，保证国有股权依国家产业政策在股份公司中的控股地位”作为国有股权管理的首要原则，并重申了 1994 年 3 月颁发的《股份制试点企业国有股权管理的实施意见》中有关股权交易的规定。

1996 年 5 月，国家国有资产管理局颁布了《关于规范股份有限公司国有股权管理有关问题的通知》，其中规定：“国有资产占用单位发起设立或国有资产占用单位改建成立股份有限公司并发行境内上市内资股（A 股）时，国有股权由地方有关单位持有的，国有股权管理事宜由地方国有资产管理部门逐级审核后，报省、自治区、直辖市、计划单列市国有资产管理部门审批，审批文件报国家国有资产管理局备案；国有股权由中央有关单位持有的，国有股权管理事宜由中央企业主管部门审批后，报国家国有资产管理局审批”。“国有资产占用单位发起设立或国有资产占用单位改建成立股份有限公司并发行境内上市外资股（B 股）以及境外上市外资股（H 股、N 股等）时，国有股权管理事宜由地方国有资产管理部门逐级审核或由中央企业主管部门审核后报国家国有资产管理局审批”。“国家股股东和作为发起人的国有法人股股东转让其拥有的上市公司的股权（不包括向外商转让股权）时，国有股权管理事宜由国有资产管理部门逐级审核（中央企业由中央企业主管部门审核）后报国家国有资产管理局批准或由国家国有资产管理局会同有关部门批准。国有股股东向外商转让上市公司和非上市公司股权，待有关法规发布后按规定执行”。

1998 年，国务院机构改革过程中，国家国有资产管理局被并入财政部。此后，国有股权管理由财政部负责。2000 年 5 月，财政部颁布了《关于股份有限公司国有股权管理工作有关问题的通知》，规定：“按照国家所有、分级管理的原则，地方股东单位的国有股权管理事宜一般由省级（含计划单列市）财政（国有资产管理）部门审核批准；国务院有关部门或中央管理企业的国有股权管理事宜由财政部审核批准。但发行外资股（B 股、H 股等），国有股变现筹资，以及地方股东单位的国家股权、发起人国有法人股权发生转让、划转、质押担保等变动（或者或有变动）的有关国有股权管理事宜，须报财政部审核批准。”

2002 年召开的“十六大”提出，“在坚持国家所有的前提下，充分发挥中央和地方两个积极性。国家要制定法律法规，建立中央政府和地方政府分别代表国家履行出资人职责，享有所有者权益，权利、义务和责任相统一，管资产和管人、管事相结合的国有资产管理体制”。作为落实，2003 年 5 月，国务院颁布了《企业国有资产监督管理暂行条例》，其中规定：“企业国有资产属于国家所有。国家实行由国务院和地方人民政府分别代表国家履行出资人职责，享有所有者权益，权利、义务和责任相统一，管资产和管人、管事相结合的国有资产管理体制。”“国务院代表国家对关系国民经济命脉和国家安全的大型国有及国有控股、国有参股企业，重要基础设施和重要自然资源等领域的国有及国有控股、国有参股企业，履行出资人职责。省、自治区、直辖市人民政府和设区的市、自治州级人民政府分别代表国家对由国务院履行出资人职责以外的国有及国有控股、国有参股企业，履行出资人职责。”“国务院、省、自治区、直辖市人民政府，设区的市、自治州级人民政府，分别设立国有资产监督管理机构。国有资产监督管理机构根据授权，依法履行出资人职责，依法对企业国有资产进行监督管理”。在国有股权转让上，规定：“国有资产监督管理机构决定其所出资企业的国有股权转让。其中，转让全部国有股权或者转让部分国有股权致使国家不再拥有控股地位的，报本级人民政府批准”。

2005 年 6 月国务院国资委发布了《国务院国资委关于国有控股上市公司股权分置改革的指导意见》，其中对股权分置改革期间国有股权管理作出了特别的规定：“国有控股上市公司的控股股东要根据调整国有经济布局和结构、促进资本市场稳定发展的原则，结合企业实际情况，确定股权分置改革后在上市公司中的最低持股比例”；“在关系国家安全、国民经济命脉的重要行业和关键领域，以及国民经济基础性和支柱性行业中，要保证国有资本的控制力，确保国有经济在国民经济中的主导地位；对属于控股股东主业范围，或对控股股东发展具有重要影响的国有控股上市公司，控股股东应根据自身经营发展实际和上市公司发展需要，研究确定在上市公司中的最低持股比例；对其他行业和领域的国有控股上市公司，控股股东应根据“有进有退、有所为有所不为”的方针，合理确定在上市公司中的最低持股比例，做到进而有为，退而有序”。

2008 年 10 月颁布的《中华人民共和国企业国有资产法》以法律的形式规定了“国有资产属于国家所有即全民所有；国务院代表国家行使国有资产所有权；国务院和地方人民政府分别代表国家对国家出资企业履行出资人职责，享有出资人权益”。并进一步明确了“国务院确定的关系国民经济命脉和国家安全的大型国家出资企业，重要基础设施和重要自然资源等领域的国家出资企业，由国务院代表国家履行出资人职责。其他的国家出资企业，由地方人民政府代表国家履行出资人职责”。同时，在管理主体上，除了规定“国务院国有资产监督管理机构和地方人民政府按照国务院的规定设立的国有资产监督管理机构，根据本级人民政府的授权，代表本级人民政府对国家出资企业履行出资人职责”以外，还规定“国务院和地方人民政府根据需要，可以授权其他部门、机构代表本级人民政府对国家出资企业履行出资人职责”。

另外，在股权转让和控股地位上，2008 年的《国资法》要求：“国家采取措施，推动国有资本向关系国民经济命脉和国家安全的重要行业和关键领域集中，优化国有经济布局和结构，推进国有企业的改革和发展，提高国有经济的整体素质，增强国有经济的控制力、影响力。”“国有资产转让应当有利于国有经济布局和结构的战略性调整，防止国有资产损失，不得损害交易各方的合法权益”。“国有资产转让由履行出资人职责的机构决定。履行出资人职责的机构决定转让全部国有资产的，或者转让部分国有资产致使国家对该企业不再具有控股地位的，应当报请本级人民政府批准”。“国有资产转让应当以依法评估的、经履行出资人职责的机构认可或者由履行出资人职责的机构报经本级人民政府核准的价格为依据，合理确定最低转让价格”。

从以上国有股权管理规定可以得知，我国国有股权的管理主体，是随着国有企业改革以及国有资产管理体制改革的进程而不断变迁的。在1996年之前，国有股权管理主体是各级国有资产管理局；在1998至2003年期间，各级财政部门是国有股权管理主体；在2003年3月国务院国有资产监督管理委员会成立之后，国务院国资委以及各级地方国资委成为国有股权管理主体；而2008年《国资法》的出台，除了进一步明确国务院国资委以及各级地方国资委是国有股权管理主体以外，还允许国务院和地方人民政府根据需要可以授权其他部门或机构成为国有股权管理主体。但不管国有股权管理主体如何变化，一直以来，国有股权管理基本上都遵循了“国家所有、分级管理”的原则。因此，各级政府对其控股的上市公司具有极其重要的影响。

在股权交易和控股要求上，为了保持公有制的主体地位、防止国有资产流失，政府一直对国有股权交易进行严格限制，对国有股的控股要求作了严格规定。尽管声称国有股权可以转让，但国家股和国有法人股的实际交易程序十分繁琐，交易成本非常高昂。同时，按照产业政策要求，国有股需要在特定行业保持控股地位，这也使得国有股权的转让很难甚至某些转让根本无法进行。因而，这些规定最终使得政府控股的上市公司股权高度集中，大部分上市公司被各级政府控股的状况难以改变。

4. 流通股与非流通股

在我国证券市场发展初期，上市公司股份还被划分为流通股和非流通股两个部分，非流通股包括国家股、发起法人股、外资法人股、募集法人股、内部职工股和其他未流通股，而流通股包括A股、B股和H股等。这一划分在股票市场后来的发展过程中被保留下来，在相当长的时间内成为一个悬而未决的历史遗留问题。

流通股与非流通股分置这一独特的制度设计有两个主要原因（刘鸿儒等，2003）。其一，在当时担心股份制会导致私有化的意识形态下，为了减少问题和争议，顺利推进股份制改革试点，干脆规定国有股、法人股不得上市流通。因为不清楚谁能代表国有股，谁有权决定、谁能批准国有股上市，所以，国有股上市必须有严格的法律规定，否则就会导致国有资产的流失。其二，在股市以散户为主、资金力量比较薄弱、没有强大的机构投资者的情况下，国有股、法人股的上市流通会对股市形成强大的压力，造成股市的长期低迷。而在大量企业急需发行上市的情形下，现有上市公司国有股、法人股的上市流通将会迫使新企业发行上市的工作难以进行。

李茂生（2002）的分析也验证了上述解释：国有股之所以不流通，早期（1988—1992）是因为受左的思想禁锢，担心国有股流通会造成国有资产流失，影响公有制的主体地位；在中期（1993—1996），则鉴于市场人士多将国有股流通当做悬在头上的“达摩克利斯之剑”，有关部门考虑到市场稳定的需要而作出的决策；到后期（1997—2002），则主要是想要股市集中为国企改革和脱困服务，所以一直延续着“暂不流通”的规定[①]。换而言之，设置非流通股的做法因公有制的意识形态而产生，因其可以人为地减少股票供给，抬高股票价格，为国企改革和脱困服务而得以保留。1992年以后，其他公开发行前的法人股、自然人股等非国有股份也被设定为“暂不流通”。

然而，这一独特设计也带来了很多负面后果。首先，上市公司中大部分股票不流通，人为地造成股票供求关系的非均衡，导致股票价格扭曲；其次，由于非流通股股东（通常是大股东）在上市公司中处于控股地位，接管和并购市场难以形成，流通股股东（通常是中小股东）很难通过“用手投票”来影响上市公司的决策，保护自身的利益；最后，由于所持股不能流通，非流通股股东对股票价格不够关心，这样流通股股东“用脚投票”的机制也很难发挥作用。

从2004年开始，这一问题已被作为“股权分置”问题进行探讨和解决。2004年2月，国务院发布了《关于推进资本市场改革开放和稳定发展的若干意见》（俗称“国九条”），明确提出要“积极稳妥解决股权分置问题”。2005年4月，经国务院批准，中国证监会发布了《关于上市公司股权分置改革试点有关问题的通知》，宣布启动股权分置改革试点工作。随后，中国证监会负责人就启动股权分置改革试点问题发表了

① 官方一直是讲国有股“暂时”不流通，但这个“暂时”已经十几年，在很长时间内，投资者实际上已经默认了“非流通股”的长期不流通（李茂生，2002）。

谈话，其中指出，“股权分置是指上市公司的一部分股份上市流通，一部分股份暂不上市流通，这是诸多历史原因形成的”。自此，股权分置改革开始启动。

由上可见，股权分置问题的产生和持续内生于公有制的意识形态以及股票市场为国企改革和脱困服务的目标，从本质上来看也是政府干预市场的结果。在股权分置的情况下，股票供给受到限制，股票价格被抬高，并且非流通股股东（通常是大股东）不太需要关心股票价格的涨跌，因此非流通股股东的行为难以受到价格机制的激励和约束。

第二节　国资控股与上市公司的治理特征

如前所述，我国上市公司主要由原来的国有企业改制而来，并且，为了维护公有制的主体地位，这些公司在企业改制过程中往往采取了国家绝对控股或相对控股的股权设置模式。根据现有的产权理论，政府干预是公有产权的一个重要特征，而有关转型经济的研究则表明，转型经济中公司治理结构的基本规律是内部人控制。我国证券市场是一个转型经济中的新兴市场，因此，我国证券市场上由国家控股的上市公司在公司治理上必然表现出政府干预与内部人控制的两重特征。

一、国资控股与政府干预

研究国资控股从而公有产权离不开对政府（或政府官员）的行为分析，这不仅是因为政府（或政府官员）是公有产权的决策者和监督者，而且因为政府是一个复杂的、具有多元化目标的组织。关于政府行为，目前理论界有两种相反的假设（Vikers 和 Yarrow，1989），即：仁慈的政府（Benevolent Government）假设和自私的政府（Self-Interested Government）假设。仁慈的政府假设认为，在一个有效的政治市场上（Political Market），只有与选民利益最一致的政治家才可能被选做政府官员，因此，任何理性的政府都会将社会福利最大化（即生产者和消费者的效用总和最大化）作为其政策的根本出发点；自私的政府假设则指出，由于信息不对称引致的逆向选择和败德行为使得政治市场并非充分有效，政府官员往往更多是追求自身效用（例如选票、收入和个人偏好等）最大化而非社会福利最大化。但相关研究发现，无论是仁慈的政府还是自私的政府，对国有企业的干预总是它们无法克制的冲动，而且政府干预总会导致企业经济效率的降低。

仁慈的政府假设认为，政治市场运作是有效的，政府官员之间的竞争使得选民可以支持那些最代表其利益的人而拒绝其他人，这迫使政府官员将其政策与选民的利益紧密联系在一起，否则将被淘汰出局。公有产权的合理性就是基于这个框架。国有企业是解决市场失灵的最佳途径，即以政府代替市场进行资源配置，以实现社会福利最大化。Williamson（1983）指出对于社会福利最大化的政府，国有股权可能是更优的选择，因为政府可以据此实现社会期望的目标。但是，社会福利最大化通常是以牺牲股东利益为代价的，而且，政府不会总是首先考虑社会福利，因此，国有股权的优势将会消失（Sappington 和 Stiglitz，1987）。Shirley 和 Walsh（2001）也指出，尽管很多文章指出国有企业的社会收益超过其经济成本，但很少有文章提出一个可以计量社会收益和社会成本的框架，因而，比较和判断社会目标的收益和成本具有与生俱来的任意性。另外，即使存在社会福利最大化的政府，人们对公有产权是解决市场失灵的最佳途径的观点仍有以下质疑：第一，市场失灵可以通过其他更有效率的手段解决；第二，即便是仁慈的政府也有激励扭曲最大化社会福利的分配。例如，政府可能更强调消费者剩余（Consumer Surplus）而非生产者剩余（Producers Surplus），因为消费者比生产者有更多的投票权，或者因为向低收入消费者转移的确是政治上的需要（Vikers 和 Yarrow，1989）。再如，仁慈的政府可能给予国有企业较私有企业更多的补贴。经验证据也证明，国有企业得到了更多的政府补贴（Kornai，1980；Shirley，Kikeri 和 Nellis，1992；World bank，1995；Claessens 和 Perters，1997；Djankov，1999）。

与仁慈的政府假设不同，自私的政府假设认为，即使在民主社会里政治市场也并不总是有效的，更不用说非民主社会中的政治市场了。如果政府官员不用通过合理的竞争就可掌握政权时，政府行为就不会受到社会财富最大化的约束（Boardman 和 Wining，1992）。Vikers 和 Yarrow（1989）从委托代理理论出发对政治市场的无效率进行了分析。首先，由于选民缺乏关于政治家行动及其后果的充分信息（不能够获取或获取的成本太高），选民与政治家之间存在严重的信息不对称；其次，选举本身很难提供有关政治家偏好的相关信息，因为被选后的政府官员很少受到控制并且也不局限于处理一些特殊事情；最后，如果社会财富最大化的政府政策产生的收益非常分散，但导致的损失却相对集中时，由于公共产品固有的“搭便车”问题，政策受益者并不会强烈地对其予以支持，但受害者却有强烈地动机予以反对，即存在典型的选择行动（Collective-Problem）问题（Olson，1965）。这说明，委托人（选民）并不总是能够选举与自己利益最一致的代理人（官员或政治家）。此外，正如外部性导致市场失灵一样，政府的“内部性”也会导致政府失灵（郭玉江，2003）。因为，政府不是一个抽象的存在，而是由有着不同利益和目的的许多人组成的集合；政府行为主体具有与市场经济人一致的经济人特性，在政治市场中可能受到权力、职位及其相关物质利益的驱动，而谋求个人效用最大化。在这种情况下，他们通常选择和实施能够给他们带来效用最大化的行为准则，在一个简单多数决策的模型中，必然出现多数获利集团的个人边际利益大于社会边际利益或个人边际成本小于社会边际成本的结果。这样，私人的或组织和机构的成本和利润支配了公共决策的考虑，即政府决策的“内部性”导致了政府或政治市场失灵。当政治市场失灵比较严重时，政府变成了自私的政府，政府在经济活动中扮演着“攫取之手”的角色（Shleifer 和 Vishny，1998），即政府官员并不最大化社会福利，而是追求私人目标。

现实中的政府可能既不是完全的仁慈政府，也不是十足的自私政府，而是介于两者之间的中间状态。也就是说，干预企业是政府无法完全克制的冲动，只不过，对于仁慈的政府来说，干预目的是为了社会福利最大化；而对于自私的政府，对企业的干预并非总是对市场失灵的反应，而更可能是政府官员以企业效率换取个人收益的一种手段（Shepsle 和 Weingast，1984）。政府干预的对象既可以是国有企业也可以是私有企业，但由于国有企业与政府的“天然联系”，国有企业不仅更容易受到政府干预，而且被干预的程度更为严重。Sappington 和 Stiglitz（1987）从干预的成本角度对此进行了分析，在他们看来，公有生产和私有生产两种组织模式都以权力的实质性下放为特征，放权是对不完全信息引起的问题的一个自然反应，公有产权与私有产权的重要区别在于与干预有关的交易成本不同。政府对国有企业的生产安排进行直接干预的成本要小于对私有企业干预的成本。国有企业通常便于政府干预，而对私有企业的干预会更加困难。但是，当干预变得方便时，干预的滥用同时变得更加难以控制，并导致无效率。组织模式（公有还是私有）的选择仅仅定义了未来对已授权的生产关系的干预成本，因而也影响了干预的可能性。Boycko，Shleifer 和 Vishny（1996）的分析则更加具体化，他们发现国有企业被行政干预的可能性更大，因为出于政治原因操控国有企业经营的政府官员得到了干预带来的全部收益，而几乎不承担直接（如补贴）或间接（如无效率）成本。然而，政府官员通过过度补贴私有企业使其服务于政治目标却比扭曲国有企业经营达到政治目标要更加透明、更加困难。原因在于，国有企业的无效，导致企业上缴利税的减少或者国有资产的流失，但这对其主管部门的政府官员不带来直接的成本或损失；而私有企业经理或所有者要求相关政府官员对政府干预引起的损失进行补贴，补贴导致实实在在的现金流出，为此，相关政府官员必须为争取补贴而在不同的政府部门或官员之间进行的讨价还价中承担较高的个人成本。由此，他们得出私有化能够有效地减少政府干预，从而提高企业效率的结论。

综上所述，在理论上，公有产权比私有产权更容易受到政府及政府官员的干预，国有企业常常被赋予利润最大化以外的其他社会或政治目标。国有企业的治理效率在很大程度上取决于政治市场的效率和政府面临的制度环境。

二、国资控股与内部人控制

“内部人控制”这一概念主要被用来研究东欧和前苏联各国在向市场经济转轨的过程中的治理结构问题，由美国斯坦福大学的青木昌彦教授最早提出，是指从前的国有企业的经理或工人在企业公司化的过程中获得相当大一部分控制权的现象（青木昌彦，1994）。青木昌彦教授指出，“内部人控制（或者由管理人员控制，或者由工人控制）看来是转轨过程中所固有的一种潜在可能的现象，是从计划经济制度的遗产中演化而来的”。他认为，内部人控制是在政府丧失了过去传统体制下对企业高度集中的行政管理权，即企业“所有者缺位”或所有者功能丧失，而企业经理获得对企业大部分控制权的同时，又尚未在市场经济体制条件下建立起有效的国有资产管理体制的情况下产生的，国有企业的内部人（经理或职工）在企业公司制改造过程中获得相当一部分控制权的现象。它使原有企业经理和职工能够运用所掌握的经营决策权，以侵占所有者权益为代价，来实现个人和小集体利益的最大化，由此导致企业运营的低效率。在西方发达市场经济中，伴随现代公司中所有权与经营权的分离，也普遍存在“内部人控制”现象（张春霖，1995），但在转型国家中，内部人控制问题有其特殊性。

我国国有企业的内部人控制源于以扩大企业自主权和增加利润留成为核心的企业改革（钱颖一，1995）。从80年代初期到推行现代企业制度以前，国有企业改革的基本取向是在不断放权的同时，相应地调整国家与企业之间的利益分配关系。随着企业自主经营权的扩大，企业的命运更加依赖于企业经营管理者集团特别是领导者的决策与交易能力。同时，由于分配格局的调整，企业产生了独立利益，有了追求利益最大化的动力。但是，各政府部门并不是原业主，“所有者缺位”使得政府部门在下放了企业的经营管理权后，难以有效地控制和监督企业经营者的行为，致使企业经理人员能够为牟取个人私利或本企业职工的小集团利益而损害企业出资者的权益，从而形成了事实上的内部人控制[①]。但是，与东欧和俄罗斯等传统意义上的内部人控制不同的是，我国国有企业的经理人员虽然能够在资产使用方面获得相当的控制权，有关企业控制权的另一个重要方面，即对企业高层经理人员的任免权，却仍然牢牢控制在政府手中。国家一般对一定级别（包括大中型国有企业的高层经理人员）以上的人事拥有最终的控制权，这就是我们常说的“党管干部”的原则。例如，为数不多的特大型国有企业的人事任命由经济工委负责；中央级国有商业银行或保险公司等金融企业高级管理人员的任命由中央金融工委负责；其他中央级大型企业高级管理人员的任命是由人事部负责（Zang，2001）。地方绝大多数国有企业的人事任命权也由相应的地方政府部门所掌握（刘小玄，2001）。基于上述特征，张春霖（1995）将我国国有企业的内部人控制称为“行政干预下的内部人控制”，而上海证券交易所研究中心（2006）则将国有控股上市公司的内部人控制描述为“政府行政管理下的内部人控制”。

关于我国国有企业内部人控制的后果，理论界进行了众多的讨论。例如，张春霖（1995）认为，内部人控制意味着决策的信息基础有了很

① 费方域（1996）将内部人控制分为事实上的内部人控制和合法化的内部人控制。事实上的内部人控制指的是：在公司制改造以前，内部人掌握了相当未经正式授权的剩余控制权；在公司制改造以后，内部人虽然事实上掌握了企业的控制权，但却因不持有或很少持有企业的股份，所以还不是企业法律上的有控制权的所有者。合法化的内部人控制则指：内部人通过正式授权获得大量剩余控制权；或者通过持有企业相当的股份成为企业合法的有控制权的所有者。

大的改善。由于身处企业内部，内部人较之政府官员更了解企业内部运作和外部环境的相关信息，从而作出的决策具有更充分的信息支持。并且，内部人控制也使内部人不仅获得了较多的决策权，而且获得了部分剩余索取权，这两者在一定程度上的对应使得内部人的激励大大提高。张维迎（1999）则将内部人控制的激励作用分为了显性和隐性两种方式。正式和显性的激励是指经理可以根据合同合法地获得部分剩余索取权。例如，下放经营决策权使得经理自然成为控制权的拥有者。通过将部分剩余所有权下放给经理，剩余索取权和控制权在企业层次上可以更好地对应。所谓非正式和隐性的激励则是指通过会计操纵（隐瞒利润）和侵吞资产，经理可以相对安全地获得超过合同规定的实际剩余。由于经理拥有很大的决策自主权，国家很难利用法律和行政手段来监督他们的行为，因此隐瞒利润和侵吞资产就可能发生。尽管经理不能自由地把企业的资金占为己有，但他们可以以各种名义花费企业的资金（如各种形式的在职消费），还可以通过开办独立或政府根本无法控制的所谓“三产”公司来转移利润。所有这些都可以称之为隐性私有化。这种隐性私有化的收益与企业绩效之间的高度相关性可以极大地提高经理追求利润的动机。

但是，与 Jensen 和 Meckling（1976）定义的 Berle 和 Means（1932）所谓的“两权分离”情况下的代理成本非常类似，内部人控制在产生积极作用的同时也带来了许多负面效应。例如，吴敬琏等（1996）认为，内部人控制造成了大量的国有资产流失。张维迎（1999）则指出，国家对国有企业人事权的控制还导致了另外两种最为主要的代理成本，即经理行为的短期化和经营者的选择问题。内部人控制尽管提高了经理追求利润的短期激励，但却不能解决对经理的长期激励问题。现实中，国有企业的经理更愿意将留存利润分给工人或投资于“短平快”的项目，而非促进生产力长期发展的投资项目和研究开发项目，就是上述问题的典型表现方式。经理短期行为严重的原因，首先是因为他们个人在企业中没有什么资本利得，他们对利润的享用不可能超过其在企业的任期。另外一个原因则是，由于国有企业的经理是由政府官员任命的，经理在企业任期的长短主要取决于官员的偏好而与企业业绩关系不大。这也同时产生了另外一个问题，就是由于选择经理的政府官员并不是真正承担风险的资产所有者，也就不可能保证真正具有经营才能的人占据经营者岗位，即行政干预下的内部人控制无法解决经营者的选择问题。

三、国资控股、控制权结构与公司治理特征

（一）最终控制人的行政层级与政府干预

我国国有控股上市公司的最终控制人按照行政层级可以分为中央、省（自治区、直辖市）、市、县和乡镇五种，另外，还有少数上市公司由学校或科研机构等事业性单位最终控股。根据夏立军和方轶强（2005）基于2001—2003年的统计，我国79%的上市公司被各级政府控制，其中县级政府、市级政府、省级政府以及中央政府控制的上市公司分别占8%、25%、23%和23%。据笔者基于2008年的统计，县级政府、市级政府、省级政府以及中央政府控制的上市公司分别占3.18%、16.73%、20.54%和18.29%，也即58.74%的上市公司是被各级政府所控制的。由于行政层级不同，作为最终控制人的各级政府所面临的约束和所担负的责任会不同，它们干预所控股上市公司的激励也有差别，因而，上市公司的治理特征也有不同的表现。

在中国经济自改革开放以来保持了近30年的“增长奇迹”中，地方政府扮演了非常重要的角色，而促使地方政府推动地方经济发展的动力，则源自上世纪80年代以来分权化改革所带来的财税激励和基于GDP增长的政治晋升激励。众所周知，从20世纪80年代初开始的行政分权改革，把很多经济管理的权力由中央下放到地方，使地方政府拥有相对自主的经济决策权。与此同时进行的以财政包干为内容的财政分权改革，则将很多财权下放到地方，而且实施财政包干合同，使得地方可以与中央分享财政收入。财政收入越高，地方的留存就越多，其中预算外收入则属于100%的留存。这给了地方政府极大的维护市场和推动地方经济增长的财税激励。除此以外，上世纪80年代初期实施的领导干部选拔和晋升标准的重大改革，使地方官员的晋升与地方经济发展绩效挂钩（Li和Zhou，2004）。正是分权化改革所带来的财税激励和基于GDP增长的政治晋升激励，激发了我国地方政府官员以世界范围内也是罕见的，寻求一切可能的来源进行投资以推动地方经济发展的热情（周黎安，2007）。正如吸引外资一样，从证券市场获得资源同样有利于发展地方经济，解决就业问题，改善当地形象，并最终给政府官员带来利益。在我国证券市场投资者法律保护不力的情况下，从证券市场获取资源的使用成本非常低。在某种程度上，证券市场资源甚至类似于一种

"免费午餐"。因此，各级地方政府有动机通过干预所控股的上市公司以实现其自身的目标。

在我国现有的行政架构下，由于各级政府权力和职能不同，它们在资本市场的动机和行为可能不同。由于行政分权，中央政府的角色更像是一个委托人，而地方政府的角色更类似于一个代理人。相对地方政府来说，中央政府更可能约束自身的行为，注意自身的形象。因此，在从证券市场竞争资源方面，中央政府的干预动机可能没有地方政府那么强烈。但是，中央政府也肩负着经济发展战略、就业、税收、社会稳定等使命，当面临经济发展、市场稳定等困境时，因宏观调控的需要，中央政府也动机将其自身目标内部化到其所控股的上市公司中。例如，2008年，在国际市场原油价格持续攀升的情况下，中石化和中石油响应中央号召，取消成品油限供措施，确保成品油供应，严格执行国家价格政策和价格纪律，从而维护了国内成品油市场的稳定，尽管两大石油巨头因此产生了巨额损失。再者，还是在 2008 年，受国际金融危机的影响，我国股市低迷，包括中央汇金公司、中石油集团公司在内的不少央企均大手笔增持所控股上市公司的股票，增持计划虽可能出于公司自身的发展战略，但也不排除有为政府维护市场稳定的成分。

政府对上市公司的干预除了因最终控制人的行政层级而不同以外，还会随地区不同而存在差异。我们知道，中国经济转型的一个突出特征是，各地区由计划向市场转型的进程不一致。有些地区已经逐步形成了以市场为基础的资源配置体制，而有些地区仍然处在计划与市场体制的矛盾交织当中。所处地区市场化程度不同，地方政府面临的激励和约束机制也不一样，从而导致地方政府行为存在差异，进而在不同地区的经济环境中会表现出"无形之手（Invisible Hand）"、"援助之手（Helping Hand）"和"攫取之手（Grabbing Hand）"的差异。

（二）控股模式与政府干预

控股模式是指最终控制人通过什么样的控制权结构对上市公司实施控制。我国国有控股上市公司与其最终控制人之间存在多种控股模式，不同控股模式的形成源于国有资产管理体制改革和国有企业改制上市的模式。

从控股模式上看，由中央政府最终控股的上市公司，其最终控制人的类型具体表现为国务院国有资产监督管理委员会、财政部等，它们通常是由中央企业集团公司通过对下属企业改制上市而成立的，因此，在上市公司与最终控制人之间往往存在一个中间层级——控股公司。而控股公司又有两种基本类型，即实业经营公司和投资管理公司（如国资投资机构、国资经营公司等）。由于控股公司这一“隔离层”的存在，政府对这类控股公司所控股的上市公司的干预，要比政府直接控股的上市公司要小。由省（自治区、直辖市）、市、县和乡镇等地方各级政府最终控制的上市公司，其最终控制人具体包括地方各级政府国有资产监督管理委员会（局）、财政厅（局）及其他政府机关。在具体控股模式上，地方各级政府对上市公司的控股模式比中央政府的要多。除了采用与中央政府对上市公司的三层授权经营控股模式外，还有大量上市公司是由各级地方政府及其所属职能部门直接控股的。也就是说，有的地方各级政府与其最终控制的上市公司之间存在中间层级——控股公司，有的不存在。如果控股公司这一“隔离层”的存在，能够减少政府干预的话，那么，由地方政府最终控制的上市公司所受到的政府干预程度，会因为控股模式的不同而有所差异。

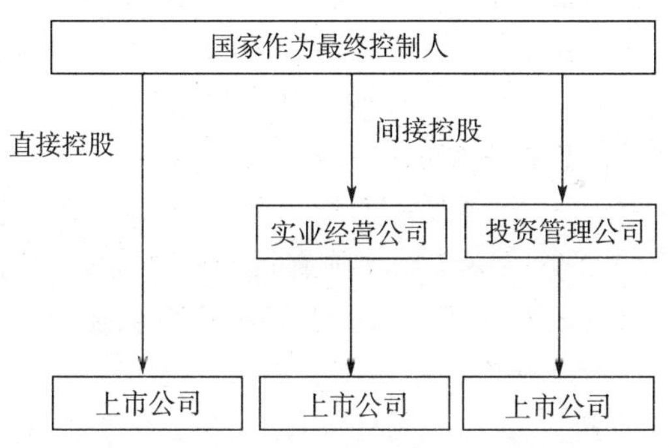

图 4－3　控股模式示意图

不同控股模式的形成与国有企业的改制上市模式有着密切的关系。根据本章第一节有关改制上市的论述可知，我国股市成立后的很长一段时期内，中央政府一直采用“审批制”和“额度制”相结合的发行监管模式，而且，中国证监会对于企业公开发行有着严格的规定，如必须连续三年盈利等。为了满足监管部门的上市要求，绝大部分的国有企业在上市之前都进行了改制重组。总体来看，国有企业的改制上市存在这样几种情况：第一，整体改制，即国有企业整体改造成股份制公司后发行上市；第二，整体合并，即多家国有企业整体改制、合并后发行上市；第三，存续分立，即母公司将部分资产注入上市公司，同时母公司存续经营；第四，多家重组，即多家国有企业（常常以其中一家国有企业为主要发起人）投入各自部分资产和权益组建新的股份制公司并公开发行。前两种改制方式保持了上市公司资产的完整性，被称之为“整体上市”，此类公司多由国资管理部门、国资投资机构和国资经营公司控股；后两种改制方式由于对资产和债务等进行了剥离，破坏了上市公司资产的完整性，故被称之为“分拆上市”，此类公司多由上市公司的存续母公司（即实业经营公司）控股。根据李哲和何佳（2007）基于1997—2000年上市的全部国有控股公司的统计，我国80%以上的国有上市公司采取了“分拆上市”的改制上市模式。而刘兴强和段西军（2006）根据对1994—2005年上市的国有上市公司的统计，有72.55%的公司采取了分拆上市的模式。样本公司中有72.95%的公司最终形成了由实业经营公司控股的控股模式，而采用“分拆上市”模式的国有企业有99%均最终形成了实业经营公司控股的控制权结构。

控股模式的形成也是部分地区国有资产管理体制改革的产物。随着国有企业改革的不断深化，我国国有资产管理体制也进行了多方面的改革探索，形成了若干国有资产管理模式。其中，三层授权经营模式受到了最为广泛的关注[①]。针对传统体制的种种弊端，从80年代中后期，理论界和实务界开始积极探索新的国有资产管理体制改革模式。国有资产管理体制的改革是从分离国有资产管理者职能和社会管理者职能开始的。1988年1月，国务院决定成立国有资产管理局[②]，把国有资产的产权管理职能和政府行政管理职能从一般经济管理职能中分离出来，随后省、市、地县等各级国有资产管理局也陆续成立，这标志着我国国有资产管理机构体系的初步建立。但这仅仅是国有资产管理体制改革的开端。1992年，国有资产管理体制改革有了新的重要举措。国家计委、体

① 在各地资产管理模式中除三层授权经营模式外，还包括“一体两翼”模式和“分权代理”模式。所谓“一体两翼”的模式，是指以财政部门为主体，国有资产管理局和税务局作为“两翼”的国有资产管理模式；在“分权代理”模式下，由作为社会经济管理部门的财政部（地方财政厅局）兼司国有资本基础管理职能，由同样作为社会经济管理部门的经贸委行使对国有企业的监督职能；由人事部和大型企业工委负责国有企业的监督职能，并负责国有企业主要经营者的任免和考核；由稽查特派员公署派出稽查特派员，负责对国有企业的财务检查和监督。

② 在1998年的中央政府机构改革中，国家国有资产管理局被撤并，其业务转到财政部。

改委、经贸委和国有资产管理局联合发文批准55家试点企业集团中的7家集团[①]和中国纺织集团作为国有资产授权经营的试点。1993年11月十四届三中全会通过的《中共中央关于建立社会主义市场经济体制若干问题的决定》又进一步指出，“按照现代企业制度的要求，现行行业性总公司要逐步改组为控股公司”。由此，新的国有资产管理体制的基本框架初步形成。这种新的国有资产管理体制运行主要分三个层次实现。第一层次为国有资产管理机构，是国有资产的所有权代表者和管理者，不直接从事资产经营，而是对从事国有资产经营的机构进行授权与管理活动。第二层次是介于国有资产管理机构与国有企业之间的中间机构（即“控股公司”），主要从事国有资产的经营。它是国有资产管理部门的代理机构，对上接受国有资产管理部门的监督和控制，对下负责国有资产的组织、指挥、协调和控制，但不参与企业具体的生产经营活动。第三层次是企业，它是国有资产的经营者，与国有资产经营机构之间是投资者和经营者的关系。可以看出，在这种国有资产管理体制中，控股公司是介于政府与企业之间的联结纽带，它的组建和发展对国有资产管理体制的有效运行具有重要影响。在现实中，控股公司主要由三种组建方式（芮明杰，1999），即：①行业总公司改组为控股公司；②行业主管部门改组为控股公司；③由集团公司改组为控股公司。此后，国有资产管理体制又经历了一系列的变革[②]，但实践中已成立的控股公司及相应的控股模式得以保留下来。

应该说，国有控股公司组建的指导原则就是为了减少政府对企业的过度干预，实现政企分开。因此，在组建国有控股公司时，必然伴随着政府原有两种职能的分开，即将原来政府行使的社会经济管理职能与国有资产所有权管理职能明确分开，分别由不同的政府部门去行使。政府的国有资产所有权管理职能由专门机构统一负责，而政府行使社会经济管理职能的部门则适当精简合并，主要通过宏观调控手段（如财政、货

① 这7家集团公司为：东风汽车公司、东方电器集团、中国重型企业集团、第一汽车集团、中国五矿集团、天津渤海化工集团和贵州航空工业集团。

② 2002年，中共十六大报告提出“国家要制定法律法规，建立中央政府和地方政府分别代表国家履行出资人职责，享有所有者权益，权利、义务和责任相统一，管资产和管人、管事相结合的国有资产管理体制”。十届全国人大一次会议批准于2003年3月设立了国务院国有资产监督管理委员会，代表国家履行出资人职责，2003年5月国务院公布施行了《企业国有资产监督管理暂行条例》，标志着依法监督管理国有资产迈出了重大步伐。

币、税收等政策）来调节整个经济的运行，不再承担对国有经济的直接干预功能。国有控股公司则是介于政府与企业之间的中间组织，是政府与基层企业之间的隔离带，可以有效地缓冲政府对企业的过多干预。这是因为，第一，行使社会经济管理职能的部门由于对企业没有产权关系而无权直接进行行政干预；第二，行使国有资产管理职能的政府部门也不能直接干预基层企业的生产经营活动，因为国有控股公司作为一个企业要追求盈利目标，要对自己授权经营资产的保值增值负责，从而会要求高度独立的经营自主权。因此，政府国有资产管理部门难以越级直接管理控股公司管理的企业，企业自主经营的积极性也就因此而调动起来。从各地实践来看，这类公司的性质往往介于行政性国家权力机构和市场性的经营公司之间。虽然形式上控股公司主要通过资本产权来控制企业，因而目标单一化，比较容易实现资本增值目标的最优化，对企业的管理也更倾向于采用经济优先的原则。但是，由于许多地方的控股公司是由原来的行业主管局改制而成，主要人员还是原来的班子，只是牌子变了而已，即大多是所谓的“翻牌公司”。刘小玄（2001）的研究表明，这些翻牌公司多半徒具形式，或者仍采用过去的行政管理方式，或者对企业实行放任自流，甚至合谋包庇企业的不合理行为。还有许多控股公司的功能只局限在监督国有资产运行方面。如核实国有资产的家底，加强对国有资产存量的动态掌握，促进国有资产的盘活和推进产权市场的建设等。由于大部分的控股公司并不掌握着企业的剩余控制权，因而实际上并不掌握企业的投资权，所以并不是真正意义上的投资公司。

四、董事会结构与公司治理特征

法人治理结构是公司制的核心，而法人治理结构的本质则是妥善处理由于所有权与经营权相分离而产生的信托、代理关系，即股东与信托人——董事会之间的关系和董事会与代理人——经理之间的关系，其主要内容包括董事会如何忠诚于股东并勤勉尽职、董事会如何有效地激励和监督经理以及如何平衡公司各相关者利益关系（陈清泰，2000）。因此，董事会的地位举足轻重，董事会制度的完善与否关系到上市公司能否健康、持续发展。1994 年的《公司法》正式实施，标志着我国公司的经营管理体制由原来的厂长（经理）负责制转变成了董事会授权下的总经理负责制，这一转变突出了董事会在公司组织机构中的核心地位。随后，中国证监会又分别在1994年和1997年颁布的《境外上市公司章程必备条款》和《上市公司章程指引》中对上市公司内部包括董事会在内的权力机构的设置问题作了详细的规定。从而，有关我国上市公司董事会的设置原则已基本形成。

根据1994年的《公司法》等法规的规定，我国的股份有限公司（包括上市公司）必须设立董事会，并对股东大会负责。董事会有权决定公司的经营计划和投资方案，制订公司的年度财务预算、决算、利润分配、弥补亏损、注册资本的变动以及公司的合并、分立和清算方案，并负责聘任或解聘总经理。另外，《公司法》同时规定股份有限公司还必须设立监事会，负责对董事会成员以及经理人员的行为进行监督。监事会由股东代表和适当比例的职工代表组成。因此，从形式上来看，我国上市公司内部权力机构的设置类似于德国的双层董事会制度，即由代表股东利益的董事会和在一定程度上代表相关利益者（职工和社会利益）的监事会构成。但与德国不同的是，我国上市公司的董事会和监事会都是由股东大会选举产生，相互之间不具备直接任免、控制的权力，尤其是监事会在法律上只是被赋予了监督权力，最多可以对行为不轨的董事进行“弹劾”，但却没有罢免董事的权力。另外，由于监事会成员几乎都是由公司内部提拔上来的，其工薪和职位基本上都是由管理层决定，监事会成员的身份和行政关系并不能保持独立，从而监事会也就很难担当起监督董事会和管理层的职责。在实践中，《公司法》赋予监事会的监督权通常流于形式，所以，从实际控制权来看，我国上市公司的内部权力设置与美国的单层董事会制度类似（孔翔，2002），因为只有董事会才拥有决定公司的重大经营权，代表股东利益，并向股东大会负责。

独立董事制度是单层董事会制度所具有的一种重要的制度安排。我国独立董事制度的引进始于1997年，中国证监会于1997年12月16日发布的《上市公司章程指引》中规定：“公司根据需要，可以设立独立董事。”但是，该条款为选择性条款，不要求上市公司强制实行，对独立董事的任职背景也没有任何规定。1999年3月29日，国家经贸委、中国证监会联合发布了《关于进一步促进境外上市公司规范化运作和深化改革的意见》中，要求H股公司应有2名以上的独立董事。之后，一些A、B股上市公司逐步试行独立董事制度。2001年8月21日，中国证监会发布了《关于在上市公司建立独立董事制度的指导意见》，这是我国首部关于在上市公司设立独立董事的规范性文件，标志着我国上市公司正式全面执行独立董事制度。该意见明确提出：各境内上市公司应当按照《指导意见》的要求修改公司章程，聘任适当人员担任独立董事，其中至少包括一名会计专业人士；在 2002 年 6 月 30 日以前，董事会成员中应当至少包括两名独立董事；在 2003 年 6 月 30 日前，上市公司董事会成员中应当至少包括 1/3 的独立董事。同时，《指导意见》对独立董事的背景也作出了明确的要求。中国证监会在 2004 年 12 月 7 日发布的《关于加强社会公众股股东权益保护的若干规定》中，再次明确《指导意见》中的有关规定，要求上市公司建立、完善独立董事制度。2006 年 1 月 1 日，新《公司法》开始实施，我国的独立董事制度更是获得了国家层面的法律地位。由于受到《指导意见》政策性因素的影响，我国上市公司的独立董事比例 2001—2003 年增长速度很快，2004 年和 2005 增长速度有所减缓，但仍然处于上升趋势（吴晓晖、陈闯和姜彦福，2007）。据笔者基于 CCER 数据库的统计，2008 年我国上市公司独立董事比例的均值为 36.1%，中位数为 33.3%，最大值为 60%；只有约 2.1%的公司因种种原因仍没有设置独立董事，可见，独立董事在上市公司中已经普遍存在。然而，已经初步建立的独立董事制度是否发挥了应有的治理作用呢？虽然有一些经验研究（吴淑琨等，2001；王跃堂等，2006）发现独立董事比例与公司业绩正相关，但更多的经验证据表明独立董事比例与公司业绩之间不存在显著相关关系（于东智和王化成，2003；高明华和马守莉，2002；李有根等，2001；李常青和赖建清，2004；等等），也就是说，我国独立董事制度虽已初具雏形，但其仍未得以发挥人们期待的治理作用。

在董事会下设专门委员会是单层董事会制度所具有的又一种重要的制度安排。通过设立审计、提名、报酬等专门委员会使独立董事职能得以细化和落实，从而提高董事会的独立性（谢朝斌，2004），同时，董事会专门委员会的建立和有效运作还有利于促进董事会的专业性。在英美等国的公司治理模式中，单层制董事会往往是由职能细化的次级专门委员会所组成，而审计、提名、报酬和战略等专门委员会则是经常设置的。在我国，中国证监会在 2001 年 8 月发布的《关于在上市公司建立独立董事制度的指导意见》第五部分第四条中，提到了“如果上市公司董事会下设薪酬、审计、提名等委员会的，独立董事应当在委员会成员中占有二分之一以上的比例”，但未对专门委员会本身作出规定。中国证监会和国家经贸委于 2002 年联合发布的《上市公司治理准则》则对专门委员会作了较具体的规定："上市公司董事会可以按照股东大会的有关决议，设立战略、审计、提名、酬薪与考核等专门委员会。专门委员会成员全部由董事组成，其中审计委员会、提名委员会、薪酬与考核委员会中独立董事应占多数并担任召集人，审计委员会中至少应有一名独立董事是会计专业人士。"但由于是非强制性的要求，目前我国只有部分上市公司设立了审计、酬薪与考核、提名和战略等四个专门委员会，而已设立的专门委员会，其治理作用尚难发挥出来。这里以设立比例较高也较受关注的审计委员会为例。我国审计委员会的发展以《上市公司治理准则》颁布执行的 2002 年度为大规模发展的起点，审计委员会的设立比例 2002－2004 年分别为 30.1％、43.4％、52.4％，达到每年 10％左右的增长速度。但是从审计委员会的正常运转来看，年报显示的已设立审计委员会的实际运转率都不高，最高年份的 2004 年也不到 1/3，每年的正常运转率只有 7％左右的增长（王跃堂和涂建明，2006）。这反映了大多数设立的审计委员会还处于建章立制的阶段，还无法使设立的审计委员会正常运转起来。正如王跃堂和涂建明（2006）的研究所表明的那样，我国上市公司的审计委员会作为公司治理机制的作用，并没有充分发挥出来。

综上所述，我国上市公司董事会治理结构在形式上已经基本构建完成，但是，董事会基本上是由股东代表（特别是大股东代表）以及公司内部员工构成，有的公司董事中可能还有少量的关联单位或公司（例如银行、政府部门以及关联企业等）的代表。由于大股东的绝对控股地位，造成了董事会中严重的"一言堂"现象。加之，独立董事及相关专门委员会等董事会内部治理机制尚未能发挥有效的作用，因此，在我国上市公司董事会的权力机构设置中，可能缺乏足够的制衡机制以监督董事履行诚信、勤勉和谨慎的义务。而对于国有控股公司来说，上述董事会结构特征加剧了国有控股上市公司本已存在的内部人控制问题。

五、高管的行政任命制与经理人市场

长期以来，我国国有企业的经营者都是由上级主管部门任命的。虽然随着国有企业产权制度改革的推进，董事会任免、职代会选举、投标竞选、人才市场招聘等就职方式在一定程度上打破了行政直接任命的单一机制，扩大了选人用人视野，但是，由于政治体制等更深层次方面的原因，国有企业经营者的选拔仍然没能摆脱行政任命制的传统。

根据中国企业家调查系统2003年的报告显示：在过去十年中，共有7次调查询问了企业经营者获取现任职位的途径，调查发现，通过“组织任命”方式获取现任职位的最多，在历年调查中都排在第一位。2003年的报告显示，通过“组织任命”方式获取职位的占45.9%，其他途径依次是：“市场双向选择（3.3%）”、“组织选拔与市场选择相结合（11.1%）”、“自己创业（24.5%）”、“职工选举（13.2%）”和“其他（2%）”。就国有企业而言，通过“组织任命”方式获取职位的高达90%，大大高于非国有企业（2.6%～30.3%），而实行“市场双向选择”、“组织与市场选择相结合”、“自己创业”、“职工选举”和“其他”方式就职的经营者，比例分别仅为0.3%、6.3%、0.7%、2.5%和0.2%。

对于股份制企业，高管的任职方式与非股份制企业稍有所不同。根据《公司法》，股份有限公司由股东组成股东大会，并由股东大会选举产生董事会，董事长由董事会全体董事的过半数选举产生；根据公司需要，董事会闭会期间，可以由董事会授权董事长行使董事会的部分职权；股份有限公司设经理，由董事会聘任或解聘；董事会成员可以兼任经理。也就是说，在股份有限公司，高层管理人员是由董事会选举或由其任命的，选聘经营者是董事会的重要职责。根据中国企业联合会的一项最新调查，经营者的就职方式中，实行主管部门任命的经营者比例最高，为57.5%；实行董事会任命比例为31.5%，位居第二；实行职代会选举、投标竞选、人才市场招聘和其他方式就职的经营者，比例分别为2.5%、2%、2.5%和4%（中国工业联合会和企业家协会，2002）。

然而，即使是董事会任命的方式，国有企业也未能脱离政府最终确认的程序（王红领，2006）。根据2003年5月施行的《企业国有资产监督管理暂行条例》规定，国有资产监督管理机构不仅可以“任免国有独资公司的董事长、副董事长、董事”或者向国有控股公司“提出派出的董事、监事人选，推荐国有控股公司的董事长、副董事长和监事会主席人选”；还要向国有独资公司“提出总经理、副总经理、总会计师等的任免建议”或向国有控股公司“提出总经理、副总经理、总会计师人选的建议”。2009年5月实施的《中华人民共和国企业国有资产法》虽然不再规定，履行出资人职责的机构（国有资产监督管理机构或政府授权的其他部门或机构）要向国有独资公司“提出总经理、副总经理、总会计师等的任免建议”或向国有控股公司“提出总经理、副总经理、总会计师人选的建议”。但是，仍然要求，履行出资人职责的机构“任免国有独资公司的董事长、副董事长、董事、监事会主席和监事；向国有资本控股公司、国有资本参股公司的股东会、股东大会提出董事、监事人选”。同时，规定国有独资公司的管理者，“国务院和地方人民政府规定由本级人民政府任免的，依照其规定”。由此导致的现实结果就是，没有进行公司制改革的国有企业经营者大多数由政府部门任命，而已进行公司制改革的国有企业在国有股控股的情况下，董事会成员及经理也主要由国有资产监管部门的官员代表和原企业的领导人员担任，而且主管部门对任免权的行使往往不是通过法人治理结构来实现的，亦即不少股份有限公司的高级经理人员名义上是董事会任命实际上是由主管部门任命再由股东大会通过。因而，经过 30 多年“政企分离”改革的尝试后，国有企业经营者的任命方式在本质上并没有明显的变化，国有企业经营者的选拔仍然没能摆脱行政任命制的传统。具体而言，不同级别或规模的国有企业高管基本上是由不同级别的各级政府或党的组织部门来考核和任命。

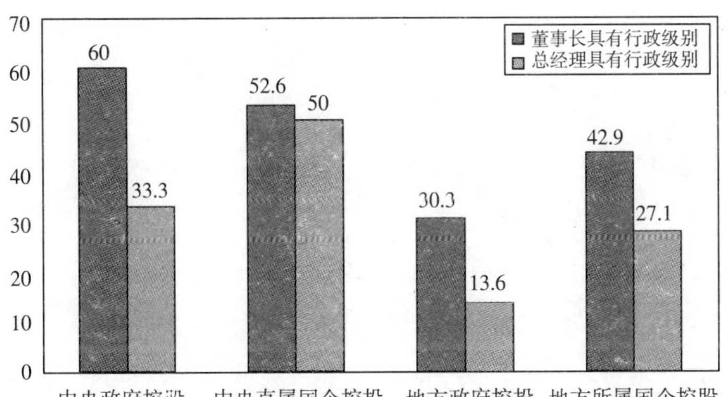

图 4－4　董事长和总经理具有行政级别的上市公司比例（%）

资料来源：《中国公司治理报告（2006）：国有控股上市公司治理》（上海证券交易所研究中心）

国有控股公司高管的行政任命制是与国家绝对控股密切联系的，从根本上说与我国的经济体制和政治体制有不可分割的关系。党领导下的政府的经济基础在于国有企业，拥有对国有企业的控制权，是维护执政党经济基础的重要保证，而通过向上市公司的人事委派则是保障控股权实现的最重要途径之一。当然，在国家绝对控股的情况下，即使按照规范的法人治理结构，由作为大股东的国家向上市公司委派高管人员也是必然的结果，但作为上市公司最终控制人的国家，它不仅是国有产权的代表，还肩负着维护社会稳定和发展的职能，基于非经济性目的干预公司经营管理是其始终无法克制的冲动，而向国有控股公司委派高管人员，既是政府干预的体现，同时，也政府实现干预经济的手段。在国有控股公司中，企业高层管理人员代表政府控制和管理企业，他们的行为方式体现着各级政府的意志。

第五章 国资控股与股权激励有效性的理论分析

根据第四章的分析可知，国家控股必然会导致国有控股上市公司在公司治理上的“内部人控制”和“政府干预”。股权激励有助于协调内部人与股东目标函数的不一致，从而缓解内部人控制问题，但是，在相关公司治理机制弱化的情况下，内部人控制会致使股权激励沦为内部人萃取“权力租金”的工具。政府干预特别是高管的行政任命制能够在一定程度上抑制内部人控制，然而，股权激励有效性却可能因为政府干预而遭到削弱。

第一节 内部人控制与股权激励有效性分析

一、内部人控制与股权激励必要性分析

由于“所有者缺位”国资控股必然会导致国有控股公司的内部人控制，如何激励内部人（主要是经理层）努力工作以最大化公司价值，是国有控股公司面临的一个关键问题。根据人力资本产权理论，可以通过承认管理者的人力资本产权来建立适当的激励机制，通过物化经理人的人力资本使得经理人成为企业的部分所有者，以此来解决国有控股公司内部所有者缺位问题以及由此产生的委托—代理问题。这种激励机制就是股权激励，股权激励合约是对人力资本物化，使其取得与实物资本同等分配权，从而对人力资本所有者进行激励的有效手段。

众所周知，企业内部的独立要素所有者可以分为两大类：一类是提供人力资本的所有者（管理者和工人），另一类是提供物质资本（非人力资本）的所有者（资本家）。由于人力资本具有与其所有者不可分离的产权特征，因而对人力资本的使用只能采用激励的方式而无法对其进行“压榨”——即使是奴隶主也不能无视奴隶的积极性问题（周其仁，1996）。工人向企业提供的劳务要素必须依赖于企业内的“计量和监督”

以确定个人对企业生产的贡献，从而奠定激励性报酬安排的基础。而计量和监督活动本身则构成管理者的管理行为，它和管理者的经营决策一起构成了管理者对企业的要素供给。然而，公司治理结构通过剩余索取权和控制权的适当分配来解决激励问题时无法使管理者和工人同时享有剩余索取权，企业的收益分配必须在不同成员的积极性之间做出取舍。一方面，管理者的工作性质决定其努力程度比企业其他成员更加难以监督，或者说“监督监督者”的信息成本过于高昂，所以，管理者应获得剩余索取权以实现自我激励；另一方面，企业面临的不确定性使管理者的经营决策行为对企业价值起决定作用（Knight，1921），这表明降低管理者的激励而导致的效率损失高于降低工人激励而导致的效率损失。企业合约的非对称性安排意味着适度放弃对生产成员的激励而将剩余索取权分配给管理者以提高对管理人员的激励，此时将产生较少的“总”激励损失：因为在这样安排下，工人自我激励的弱化可以通过对他们的监督来弥补；而如果工人索取剩余，管理人员的自我激励损失就不可能由对他们的监督来弥补。

对于非人力资本的提供者资本家而言，由于非人力资本与其所有者具有可分离性，因而这一资本具有抵押功能，它能在一定程度上对企业其他成员提供保险而成为企业内“天生的”风险承担者。这表明资本家相对于人力资本所有者有更好的积极性做出最优的风险决策。对比之下，人力资本的所有者更有可能成为一个孤注一掷的赌徒，因为对一个没有非人力资本的人来说，他的风险是不对称的：失败的成本由别人承担，而成功的收益自己占有。同时，非人力资本由于可与所有者分离因而更容易被他人滥用，人力资本的所有者不仅可以通过偷懒来提高自己的效用，而且还可以通过“虐待”非人力资本使自己受益。上述分析表明，如果负责经营决策的管理者是没有非人力资本的，他就不可能成为真正意义上的剩余索取者（风险承担者），而经营工作的性质又决定了他总是握有相当的“自然控制权”，因此，保证剩余索取权与控制权尽可能对应的最理想状态是，管理者自身又是一个资本家，这正是古典企业中企业家与资本家合二为一的原因所在。由于资本家并不一定拥有管理经营企业所必需的才能，因此，在现代企业中，管理者由竞争性的经理人市场提供，而资本家则作为根本和最终的风险承担者而拥有选择和监督经理的权威，并同时保留了优先成为企业家的权利。但在这种情况下，满足经理人参与约束和激励相容约束的激励合约的设计就成为了关键。股权激励合约能够实现这一目的：通过授予经理人股权使得人力资本取得了物资形态，促使人力资本取得和非人力资本相同的“风险抵押功能”，从而确保经理人经营决策所带来的收益和风险最大限度地和其所掌握的控制权相对应，以此来保证企业的剩余索取权与控制权尽可能匹配并解决经理人的激励问题。

二、内部人控制对股权激励有效性的影响

在相关公司治理机制不完善的情况下，内部人控制必然会导致经理层拥有过多的权力，而不受约束的经理层权力将会使得股权激励可能不再是有效的激励方式，更可能会沦为管理层寻租的途径。

根据 Bebchuk 和 Fried（2002）的观点，薪酬契约要达到最优，需要有三种约束机制：①董事会能独立地和管理层谈判，选择能最大化股东价值的薪酬计划；②产品、经理人和资本市场机制完善，对董事会和管理层构成强有力约束，即使在董事会无效的情况下，管理层的薪酬也是符合股东利益的；③股东能运用公司法所赋予的权力以及法庭诉讼等手段，促使管理层的薪酬合同符合股东利益。然而，当内部人控制情况比较严重时，这些约束机制往往不能有效地发挥作用，从而可能导致股权激励不再是解决代理冲突的有效机制。在上述约束机制中，对薪酬契约制定起关键作用的是董事会，但是，当作为内部人的经理层拥有过多权力时，经理层能够影响董事的聘选，使得董事会难以保持足够的独立性。董事不愿意抑制对自己有重要影响的管理者的薪酬，所以不可能完全代表股东利益，特别是，当董事本身不是管理者时，即使有监督的意愿，他们也面临信息不对称的问题。此外，由于股权激励方案的复杂性，通常是由专业薪酬顾问来帮助设计然后推荐给董事会下属的薪酬委员会。但是，专业薪酬顾问是由经理层聘请的事实，决定了其所提交的股权激励方案很难摆脱经理层的影响从而保证利益上的公平性（Avinash 和 Sun，2004）。正如 Bebchuk，Fried 和 Walker（2003）所认为的那样，当内部人控制情况比较严重时，管理层有影响自己薪酬的能力，董事会会被管理层所“俘获”，独立性不强，不能有效地监督管理层，因此，管理层会利用手中权力获得高于合理水平的薪酬，而这些超常的薪酬便是管理层权力的租金。管理层权力致使股权激励在内的管理者激励不再是解决代理问题的工具，而成了代理问题的一部分，部分代理问题就是管理者利用激励补偿为自身谋取租金。

根据“管理层权力论”，当董事会弱化或无效、缺乏外部大股东和机构投资者、管理者大量持股、公司存在较多的反收购安排时，管理者往往会拥有更大的权力。管理层所攫取的租金与其手中的权力成正比，权力越大，管理层薪酬会越高，即导致所谓“过度支付”问题。事实上，有众多经验证据表明，内部人控制所导致的经理层权力会导致经理层薪酬中的“过度支付”（Core，Holthausen 和 Larcker，1999；Cyert，Kang 和 Kuma，2002；Bertrand 和 Mullainathan，2000；Benz，Kucher 和 Stutzer，2001；Hartzel 和 Starks，2003；Cheng，Nagar 和 Rajan，2001）。此外，为了掩盖寻租行为，管理层通常会进行盈余管理或者操纵信息披露，甚至会采取一些低效的薪酬方案，扭曲和弱化管理层激励，损害股东价值，Yermack（1997）、Aboody 和 Kasznik（2000）、Coles，Hertzel 和 Kalpathy（2006）、Kedia 和 Philippon（2005）、Burns 和 Kedia（2006）等人的研究结果为此提供了经验支持。

在我国，由于“所有者缺位”，国有控股公司存在严重的内部人控制问题，加之，公司内部相关治理机制和外部治理环境正在进一步完善之中，所以，内部人拥有与其所承担风险极不相称的权力，他们能够影响甚至决定包括薪酬政策在内的公司绝大多数财务和经营决策，形成所谓“自己决定自己的薪酬”。卢锐（2008）、王克敏和王志超（2007）、张必武和石金涛（2005）等基于中国证券市场的研究，为“管理层权力论”在我国提供了经验支持。他们的研究表明，在相关约束机制不完善的情况下，内部人控制从而管理层权力是影响薪酬及其激励效果的重要因素。

第二节　政府干预与股权激励有效性分析

一、股权激励机制剖析

股权激励的内在机制如何？即股权激励合约如何影响企业的经营绩效和市场价值？对这一问题，可以从委托—代理理论和公司资本结构理论中找到答案。委托—代理理论主要讨论委托人如何根据观测到的（股价）信息来设计满足代理人参与约束和激励相容约束的激励合同，通过建立相应的理论模型来给出事后非对称信息情况下的最优激励合同，以此作为改善企业内部治理结构的主要线索。公司的资本结构理论中发展出来的契约理论则从企业资本结构设计的角度来讨论资本结构是如何影响经理、股东和债务持有者这三者之间契约关系，由此形成了通过改变企业资本结构来影响其治理结构的另一条解决委托—代理问题的线索。这一理论认为授予经理人股权（或期权）将改变企业的资本结构从而影响企业的治理结构，最终影响企业的市场价值。综合两大理论流派，委托—代理理论中的 Holmstrom（1979）模型和公司资本结构理论中的 Jensen 和 Meckling（1976）的代理成本模型以及 Leland 和 Pyle（1977）的内部人（经理人）持股信号传递模型结合起来，能够为我们展示一幅相对完整的股权激励机制图画。概括来说，股权激励合约对公司价值的影响来源于两个方面：其一，直接改变企业的真实价值，其途径有两种：股权激励合约向委托人传递信息以降低公司内部代理成本；同时向代理人传递信息以改善实际经济资源的配置效率；其二，间接增加公司价值，即企业的经理人可以通过股权激励合约向资本市场传递信号来矫正被市场低估的公司价值。

（一）代理成本、股权激励与公司价值——基于 Jensen 和 Meckling 代理成本模型的考察

所有权和经营权的分离是现代企业组织形式的重要特征。由于所有者和经营者的目标函数不同，两权分离必然产生委托—代理关系中的利益冲突。由于作为资产经营管理者的经理层的所得仅仅是薪酬，股东财富最大化并不意味着经理层的利益最大化，所以经理层缺乏最大化企业价值的动力，代理成本因此而产生。根据 Jensen 和 Meckling（1976）的观点，代理成本来源于经营管理者不是企业剩余权益的拥有者这一事实，如果通过经理层持股的方式，让代理人成为部分剩余权益的拥有者，能够降低剩余索取权与剩余控制权的不匹配，从而促进股东和经理层利益一致，进而减少代理成本增加公司价值。

本质上讲，Jensen 和 Meckling 的代理成本模型关注的是企业资本结构的最优选择问题，但他们在分析和处理这一问题时却遵循了委托—代理理论的思路，并为我们论证了股权合约激励如何能够有效降低代理成本从而提高公司价值的内在机理。在 Jensen 和 Meckling（1976）看来，代理成本是企业资本结构选择的决定性因素，而代理成本的存在却源于经理人不是企业的完全所有者（即存在外部股权）这样一个事实。在经理人不是企业完全所有者的情况之下，经理人的努力工作会使他承

担努力工作的全部成本却只能获得部分收益；而当他在职消费时，他可以得到全部的好处但只承担在职消费的部分成本。其结果必然是，经理人的工作积极性不高，并热衷于追求在职消费。因此，企业的市场价值也就低于经营管理者是企业完全所有者时的市场价值，两者之间的差额就是外部股权的代理成本。由于外部所有者能够理性地预期到经理人的在职消费倾向，因此，外部股权代理成本是外部所有者理性预期之内必须要由经营者自身承担的成本。解决这一问题的方法是，让经理人成为企业的完全所有者，但是这又受到经理人自身财富的约束。债券融资可以突破这一限制，然而，债券融资可能会导致另一种代理成本：即经理人作为剩余索取者有更大的积极性去从事有较大风险的项目，这是因为，若冒险成功，经理人能够获得成功的收益（利息支付是固定的）；若失败，他则可以借助有限责任把失败的损失推给债权人。当然，由于债权人能够理性地预期到这一点，因此，这种债权的代理成本也得由经理人来承担，从而导致债券融资成本上升公司价值减少。通过对上述股权和债权代理成本的分析，不难得出：均衡的企业所有权结构是由股权代理成本和债权代理成本之间平衡关系来决定的，企业的最优资本结构存在于股权和债权融资的边际代理成本相等从而总代理成本最小的点上。这样，Jensen 和 Meckling 不仅开创了资本结构理论中新的研究方向：把现代企业的资本结构和治理结构相联系，分析企业的资本结构如何通过影响治理结构来影响企业的市场价值，同时，也向我们展示了股权激励的内在机制：代理成本来源于经营者不是企业剩余权益的拥有者这一事实，如果通过经理层持股的方式，让代理人成为部分剩余权益的拥有者，可以减少代理成本从而增加公司价值。

虽然 Jensen 和 Meckling 在所有者（融资者）控制经理层问题上已经引入了信息不完全假设，从而有些偏离了古典经济分析范式，但他们关于公司不同主体（即经理层或内部股东、外部股东以及债权人）的行为分析显然保留了古典分析的“对称信息”假设（吴晓求，2003），因此其对代理成本从而激励问题的分析也仅限于这一特定假设之下，并没有把由于不同主体之间信息不对称所导致的激励问题（尤其是经理层等内部人与外部融资者的利益冲突）纳入分析视野，客观上具有很大的局限。很显然，作为减少企业代理成本的工具，资本结构并非是唯一的选择，没有理由排除股东和债权人利用与资本结构毫无关系的契约来约束经理人的行为（钱颖一，1989），而这一契约正是下文将要讨论的委托一代理理论所设计的激励合同。

（二）道德风险、股权激励与公司价值——基于 Holmstrom 模型的考察

两权分离导致了委托代理问题产生的可能性，现实经济生活中广泛存在的信息不对称使这个问题成为现实。信息不对称有两种基本类型，其一是事前信息不对称即签约之前存在的信息不对称；其二是事后信息不对称即签约之后发生的信息不对称。前者会导致逆向选择问题，而后者将产生道德风险问题。所有权与经营权分离的一个主要后果就是经营者的道德风险问题。由于股东和债权人不可能观察到经理人的努力程度和工作效率，经理人就有偷懒的可能，或将经营不善归结为不可控制的因素。因此，如何设计科学而合理的薪酬激励合同，将经理人的收入与可观察的企业绩效指标挂钩，让经理人承担一定的风险，从而激励他们努力工作，显得至关重要。Holmstrom（1979）用分布函数参数化方法发展出一个激励合约模型，为上述问题的解决提供了理论基础。特别是，Holmstrom 模型证明了将股票价格写入到经理人的激励合约，有助于委托人修正自己关于代理人努力水平的概率判断，这为我们理解股权激励的作用机制提供了思路。根据 Holmstrom 模型，股权激励的内在机制在于，通过将股票价格纳入到经理人的激励合约中，企业的委托人从资本市场获取了有关代理人努力水平的信息，企业委托人和代理人之间的信息不对称由此得到改善，从而减少企业的代理成本增加企业价值。

具体而言，在模型中，Holmstrom 证明代理人的收入函数随似然率（Likelihood Ratio）f_L/f_H的变化而变化。在这里，f_L表示当代理人选择较低的努力水平时特定的产出水平的概率密度函数，f_H则表示当代理人选择较高努力水平时特定产出水平的概率密度函数。这二者的比值f_L/f_H向委托人传递如下信息：当观测者观测到企业特定产出水平时，这一产出水平在多大程度上来自分布 f_L而不是分布 f_H。较高的似然率意味着观测到的产出水平有较大的可能来自分布 f_L，即这一产出水平在代理人偷懒时出现的概率要大于勤奋工作时的概率，代理人在该产出和利润水平下的收入所得应向下调整；反之，较低的似然率意味着观测到的产出水平有较大的可能来自分布 f_H，即这一产出水平在代理人偷懒时出现的概率要小于勤奋工作时的概率，代理人在获得该产出和利润时的收入所得应向上调整。当似然率等于 1 时，来自 f_L和 f_H的可能性相同，委托人无

法得到更多的信息。在此基础之上，Holmstrom 在激励合同中引入了一个不同于产出水平的新变量，委托人可以不费成本地通过观测这一变量来判断经理人的努力水平。Holmstrom 证明，在代理人不同努力水平下，产出和新变量的联合分布密度函数的比值 h_L/h_H 与 f_L/f_H 相等时，新的观测变量无法向委托人传递新的信息。即委托人通过观测特定的产出水平所得到的代理人努力程度的概率分布信息与他同时观测产出水平和新变量时得到的代理人信息是无差异的。因此，Holmstrom 推导出，只有当上面两个似然率不相等时，将新的观测变量纳入到激励合约中才帕累托优于原有的激励合同（“帕累托优于”的涵义是，给定代理人的参与约束和激励相容约束，委托人在新的激励合同下的期望效用严格高于在原合同下的效用）。

当 h_L/h_H 与 f_L/f_H 不相等时将新的观测变量写入激励合同之所以是有价值的，是因为新的观测变量向委托人传递了新的信息。委托人可以借助于这些信息来排除掉更多的外生因素对推断的干扰，使代理人承担较小的风险（假定代理人是风险规避的），从而可以降低代理成本。比如说，企业利润除了受经理人员努力程度和特有的外生因素的影响外，会计政策及会计估计等会计准则适用方面的因素也会很显著地对其产生影响。如果单以企业利润来衡量经理人员的努力程度，错误奖惩的可能性就非常大。因此需要在经理人的激励合同中加入另一个由经理人员努力工作程度和外生干扰因素共同影响的变量—企业的市场价值（如股票价格）。同时，由于企业利润和企业的市场价值虽然都能在一定程度上反映企业的经营业绩，但又并不完全相关。因此，任何一个变量都不是相对于这两个变量的充足统计量，即任何一个变量所包涵的信息都无法完全涵括另外一个变量所表达的信息。也就是说，资本市场通过企业股票价格的波动向委托人传递了关于代理人努力程度的新的信息，委托人可以借此修正代理人勤奋工作的后验概率并给予代理人相应的奖惩。例如，给定经理人选择较高的努力水平，此时较低的企业利润和较低的股票价格同时出现的可能性显然低于较低的企业利润或较低的股票价格单独出现的可能性，类似地，给定经理人偷懒，较高的企业利润和较高的股票价格同时出现的可能性显然低于较高的企业利润或较高的股票价格单独出现的可能性。委托人通过观测资本市场上股票价格就可以修正自己关于代理人努力水平的概率判断。因此，只要资本市场能够通过股票价格传递新的信息，委托人就有积极性把股票价格写入合同。

毫无疑问，Holmstrom 的结论对于我们理解股权激励机制具有启发意义，他给出了将观测变量纳入激励合同所要满足的一般条件，指明了股票价格作为评判经理人的激励指标，其机理在于资本市场能够通过股票价格的变化向企业的委托人传递关于代理人的信息。不过，Holmstrom 的激励合约模型只为我们提供了理解股权激励机制的一个线索，即通过将股票价格纳入到经理人的激励合约中，企业的委托人从资本市场获取了有关代理人努力水平的信息，企业委托人和代理人之间的信息不对称由此得到改善。显然，这是一个委托人利用资本市场所传递的信息，以解决道德风险问题的机制，而作为委托代理关系的另一方，代理人是否也有激励通过股权激励合约向资本市场进行信号传递，以缓解信息不对称问题呢？公司资本结构理论中的内部人（经理人）持股的 Leland 和 Pyle 模型向我们展示的正是这种激励机制。

（三）逆向选择、股权激励与公司价值——基于 Leland 和 Pyle 模型的考察

逆向选择是信息不对称的另一种基本类型，它的产生源于公司内部人比外部投资者掌握了更多的有关公司当前状况及未来前景的内部信息。内部人可以通过各种途径，以牺牲外部投资者的利益来谋取他们的信息优势利益。由于外部投资者能够理性地预期到这一点，因此，他们在购买公司股票时会格外谨慎甚至放弃购买，从而导致股票价格下跌公司价值减少。解决逆向选择的一种重要机制是信号传递（Signaling）。内部人可以通过某种信号向外部投资者传递信息，以消除外部投资者的顾虑，从而解决逆向选择问题。内部人持股就是一种用来缓解信息不对称的信号，通过内部人持股从而股权激励，可以克服逆向选择进而增加公司价值。与 Holmstrom 的激励合约模型所揭示的股权激励机制不同，这是由委托代理关系中的代理人一方通过股权激励合约向资本市场所进行的信号传递。公司资本结构理论中的 Leland 和 Pyle 模型向我们展示的正是这种股权激励机制。

Leland 和 Pyle（1977）考察了在社会存在两类不同质量投资项目的前提下，一个拥有优质项目的风险厌恶企业家如何向外部传递其项目质量状况（以区别于劣质项目），进而减少资金筹集成本，最大化其效用这样一个问题——因为如果没有外部约束，劣质企业家具有强烈的动机宣称其项目也是优质的，从而形成 Akerlof（1970）的“柠檬问题”。Leland 和 Pyle 认为，作为内部人的企业家在项目中的股权投资可以发

挥“抵押担保”作用，进而其持股比例可以作为经理人向外部融资者显示项目质量的一个信号——随着企业家股权比例的提高，公司杠杆的下降使得拥有劣质项目的企业家从风险投资项目中获得收益的可能性下降，即对于企业家而言，由于其是风险厌恶型的，很高的股权比例将减少其预期效用，但同样的股权比例对拥有高质项目企业家而言，其效用减少的程度要少于劣质项目的企业家。

具体而言，在 Leland 和 Pyle（1977）的模型里，企业家将一个可变的项目等同于一笔不确定性的收益。他对收益的分布了解得比别人多，更具体地，企业家知道项目的平均收益而外部投资者不知道。由于他是风险规避者，且其财富是有限的，他希望与外部投资者共同分担这个项目。他的问题是如何使投资者相信项目的真实价值，空口告诉别人项目收益的均值是多少是不管用的。但是，一种可信的交流机制是存在的：企业家可以变动自己在项目中的股本，并把它当作一种传递有关项目质量的信号，因为市场会认为项目质量是企业家自己的所有权份额的一个函数。Leland 和 Pyle 证明，在均衡状态下，企业家的股份将完全揭示其自己所相信的项目收益的均值，企业的债务决定剩下的需用股票融资该项目所需的金额。正如一般信号传递模型所常见的那样，该模型也存在连续的均衡。Leland 和 Pyle 模型给出了选出一个特定的均衡的选择依据。与人们可能的预期一样，这一均衡具有如下性质：企业家的股份越高，传递的信息越可信，项目价值也越高，从而，企业的市场价值也越大。此外，Leland 和 Pyle 模型还通过一个例子，推导出保证负债随企业家股份增大而增大的参数条件。在这些参数条件下，负债越多的企业其内部人持股的比例越高，企业的质量也越高。应该注意的是，在 Leland 和 Pyle 模型中，内部人持股比例是一个有成本的信号，其原因在于不完善的风险分担：风险规避的企业家保留了大量的特定风险，而在完全信息的条件下，这些风险是可以出售给市场的。这样，Leland 和 Pyle 向我们展示了通过股权激励合约实现公司价值的另一种机制，即股权激励合约有助于缓解逆向选择从而增加公司价值。

（四）股权激励机制——两种效应的综合

综上所述，股权激励机制可以从委托人和代理人两个维度来考察。从委托人角度，通过将股票价格纳入到经理人的激励合约中，委托人从资本市场获取了有关代理人努力水平的信息，借此委托人可以修正代理人勤奋工作的后验概率并给予代理人相应的奖惩，从而企业内部代理成本得以减少，其真实价值得到了提高。从代理人角度来看，代理人有激励通过信号传递来克服逆向选择问题。由于内部人持股是一个有成本的信号，所以，代理人通过持有所在公司的股份而将自身的财富和收入抵押给外部投资者，以此来向他们保证公司的真实价值或项目的真实收益。通过这种信号传递行为，公司的经理人可以校正市场上的投资者对企业价值的判断，提高资本市场对公司经营状况的信心，公司的股票价格将会上升，公司被低估的市场价值将会向上回升到其真实价值附近。值得注意的是，在上述的信号传递中，公司的真实价值并不会因为经理人改变企业股权和债权的比例而发生任何变化，受影响的仅仅是这一真实价值在市场上的价格反映。这与前者不同，在前一种机制下，委托人通过股权激励合约，从资本市场获取了有关代理人努力程度的信息并给予代理人相应的奖惩，从而，直接促使企业内部代理成本得以减少，真实价值得到了提高。

很显然，现实中股权激励对公司价值的作用，应该至少是上述两种机制共同作用的结果。一份股权激励合约，一方面能够使得委托人更好地评价从而奖惩代理人，进而直接减少代理成本；另一方面，股权激励还是代理人信号传递的工具，通过克服逆向选择从而间接增加公司价值。

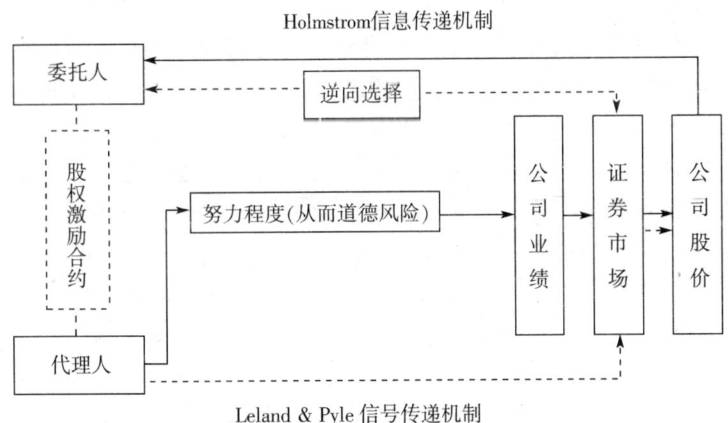

图 5－1　股权激励机制示意图

二、政府干预对股权激励有效性的影响

（一）政府干预、政策性负担与股权激励有效性

基于不完全经济性动因的政府干预至少会从两个维度对股权激励有效性产生负面影响。一方面，政府干预会弱化代理人努力程度与公司利润和公司股价之间的关系，委托人在利用公司股价的波动来推断代理人努力程度时，需要排除更多的外生因素的干扰，或者说，资本市场通过公司股票价格的波动向委托人传递关于代理人努力程度的新信息的能力受到削弱。这种情况将导致两种后果：其一，考虑到政府干预对股权激励的负面影响，委托人将不会选择对代理人实施股权激励；其二，对于实施股权激励的公司，由于错误奖惩的可能性增大，代理人将承担较大的风险（假定代理人是风险规避的），从而代理成本难以降低。另一方面，从 Leland 和 Pyle 的股权激励机制来看，政府干预会使得公司的收益变得更加不确定，即使是内部人，也难以把握公司收益的分布，或者说，由于政府干预的存在，公司内部人对公司平均收益的了解也不比外部投资者更多。因此，内部人缺乏通过实施股权激励来进行信号传递的激励，从而逆向选择问题难以得到解决。也就是说，政府干预对股权激励有效性的影响主要表现在两个环节，首先是股权激励计划的选择环节，由于政府干预，不仅代理人缺少利用股权激励进行信号传递以减缓逆向选择的激励，而且，委托人也缺乏通过对代理人实施股权激励来消除道德风险的动力。其次，已选择实施股权激励的公司，由于股价波动因政府干预难以传递关于代理人努力程度的新信息，错误奖惩的可能性增大，代理人将承担较大的风险，从而股权激励的效果将大打折扣。

由第四章论证可知，在我国，国资控股必然导致国有控股上市公司在治理特征上的政府干预，政府干预的产生不仅与计划经济的惯性和公有制的意识形态有关，更与证券市场为国企改革和脱困服务的目标有关。从内容上来看，这些干预主要包括两个方面，一是政府作为大部分上市公司的最终控股股东直接参与证券市场；二是政府作为监管者为证券市场设立大量的管制规则。在政府作为大部分上市公司的最终控股股东直接参与证券市场的情况下，其利用自身权力干预所属上市公司几乎不可避免。在我国转型过程中，政府权力配置经历了从集权到分权的过程，在此过程中，地方政府发展经济的积极性被调动起来，但其竞争资源的动机也由此产生（Qian 和 Weingast，1996；Cao，Qian 和

Weingast，1999；Poncet，2004）。正如吸引外资一样，从股票市场获取资源同样有利于解决就业问题，发展地方经济，改善当地形象，并给政府官员带来利益。虽然地方政府通过干预当地的非国有企业上市融资也可以从证券市场获取资源，但支持国有企业上市融资不仅符合国家宏观政策，还可以缓解其困境，减轻财政负担，促进社会稳定，并增加政府官员直接控制下的资源。因此，作为“理性人”的地方政府，自然会充分利用其权力干预当地国有企业从证券市场获取资源。由于承担了政府的政策性负担，如经济发展战略、就业、税收、社会稳定等，当国有控股公司出现困难或陷入困境时，将难以分清责任。这不仅会弱化公司利润与内部人努力程度之间的相关度，而且使得股价波动难以传递关于代理人努力程度的新信息。同时，受承担政策性负担的影响，公司内部人也难以把握公司收益的分布，从而也就缺乏通过实施股权激励来进行信号传递以克服逆向选择的激励。

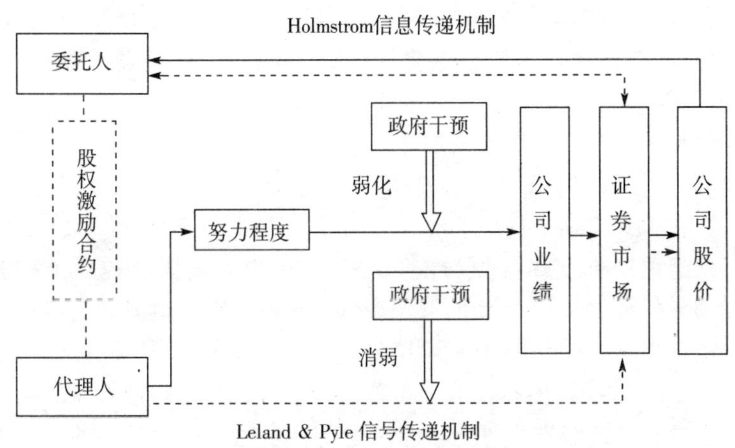

图 5－2　政府干预与股权激励机制示意图

（二）政府干预、高管行政任命与股权激励有效性

在我国，政府干预的另外一个重要的体现就是，国有控股公司高管仍然是由政府任命。中国企业家调查系统 2000 年度的调查结果①显示，

① 调查样本覆盖除中国港澳台地区以外的 31 个省、自治区和直辖市的各个行业的 3562 企业，其中，国有企业和非国有企业分别占 45.7%和 54.3%；在非国有企业中有限责任公司、股份有限公司、外商及港澳台投资企业、集体企业、私营企业以及股份合作企业分别占 17%、13.9%、8.6%、7.7%、3.5%和 2.9%；大、中、小型企业分别占 35.1%、47.3%和 17.6%。

1979 年改革开放到 2000 年间，上级指派一直是所调查企业选拔经营者的主要方式，比重为 76%～80%左右；虽然 1993 年以后有所下降，但仍然维持在 60%左右。关于任命方式，调查数据也表明，上级主管部门任命和职代会选举后上级任命的比重之和高达 75%（1979 年以前）和 93%（1994 年以后）。对此需要说明的是，由于主管部门可以被认作是国有企业的所有者代表，企业经营者理所当然应当由主管部门任命，但实际情况是，“主管部门任命”是指企业经营者单纯行政指派产生的方式，不包括经过企业内部招标竞争、社会人才市场配置及职代会选举等竞争选聘过程之后再履行主管部门任命手续的方式。中国社会科学院经济研究所“国有企业的制度与效率”课题组的 800 家中国工业企业数据库的资料表明，在 442 家国有企业的现任高管中，任职前有 22.4%的人来自政府部门的公务员，这是典型的行政任命；另有 48.6%的人来自其他企业的领导人。课题组的进一步调查表明，来自其他企业领导人的现任高管与来自政府部门公务员的现任高管没有实质性差别（王红领，2006）。董事会任命，是股份制企业较多采用的一种经营者就职方式，但其中的国家控股和参股企业一般都是在政府批准以后才由董事会任命的，也就是说，董事会任命只是形式上的，实质上仍然由上级主管部门最终决定（高明华，2001）。根据上海证券交易所研究中心的调查（2006），在中央政府控股的上市公司中，董事长具有行政级别的占 60%，总经理具有行政级别的占 33.3%；中央直属国企控股上市公司中，52.6%的董事长和 50%的总经理具有行政级别；地方政府控股上市公司的董事长有 30.3%具有行政级别，总经理有 13.6%具有行政级别；有 42.9%的地方所属国企控股上市公司的董事长具有行政级别，27.1%的总经理具有行政级别。可见，即使是产权多元化程度较高的国有控股上市公司，其高管仍然大都是由政府最终任命这一状况并未发生根本性改变。

高管的行政任命制在经营上所带来的一个主要后果是经营者的短期化行为，即不考虑企业的长期利益和发展，不考虑企业资产的保值和增值，而只考虑眼前的成绩、地位和利益，并不惜以后者损害前者。由于去留不完全是由市场竞争、经营效益和企业发展决定的，而主要是由上级主管部门任命的，因此，国有控股公司的高管普遍产生地位不稳定的危机心理。因为并不十分清楚自己在位时间的长短和将来有无可能升迁或免职，国有控股公司经营者往往仅仅满足于企业简单再生产的经营层次上，至于事关企业长久生存和发展的重大事项，如企业的技术进步、产品开发和未来市场的预期调研等，却关注甚少。其经营决策要么维持企业的正常运转，要么为了取得暂时的“效益”而对企业资产进行掠夺性经营。过分的职务消费；过度投资和使用国有资产；将国有资产转移到由内部人控股的公司中去；等等，都是短期化行为的具体表现（费方域，1996）。正是这种短期化行为，使得企业缺乏发展潜力和后劲，经济效益低下。

行为目标政治化，是行政任命制所带来的另一个后果。国有控股公司的经营者考核和晋升的依据，主要依赖于上级主管部门的评价，当然上级部门的评价也包括资产增值一项，但这一项不一定是主要的，一些非经济因素，尤其是上级主管部门的偏好往往是决定性的。企业经营管理水平高，经济效益好，不一定能保证经营者地位稳固、职务升迁，而违反上级主管部门的意图，引起他们的不满，则往往会带来灾难性后果。相反，国有企业经营效益不佳，甚至严重亏损，只要协调好与上级主管部门的关系，原国有企业经营者仍可能留任或移地做官。国有资产对其经营者的约束相对于上级主管部门考核约束的软化，必然导致经营行为的扭曲和经营目标的偏移。许多国有企业经营者阶段性的行为目标就是迎合上级主管部门的偏好，终极目标是寻求政治地位的提升。若提升无望或等待时间成本过大，就会利用职权公开或隐蔽地大肆侵吞国有资产、谋求物质享受。

股权激励是一种长期激励方式，有效实施的股权激励能够引导内部人关注公司的长期发展，从而有助于抑制经营的短期化行为。然而，行政任命制本身却与实施股权激励存在一定的矛盾。首先，行政任命制使得国企高管具有“政府化”特征（王红领，2006），高管们必须像政府官员一样接受定期“轮岗”的制度安排。实施股权激励是希望经营者关注公司长期的发展，但“轮岗”的制度安排意味着经营者的经营是有“届数”的，由于在位是有“届数”的，内部人要么因为怕冒风险而缺乏实施股权激励的动力，要么基于“大搏一把”的机会主义动机有强烈的股权激励需求。其次，由于国企高管的“政府化”特征，使得政府官员的工资标准就成了国企高管薪酬的基本参照系，国企高管的收入大大超过同级的政府官员，对那些仍然留在政府部门的官员可能是不公平的；同时，国企高管的薪酬也不能与同样是公有财产主人的国企职工工资有过于悬殊的差距，因此，行政任命制决定了包括股票期权在内的高管薪酬会受到政府出于公平需要的管制，而薪酬的政府管制将使得股权激励的效果大打折扣。最后，行政任命制所导致的高管行为目标的政治化也与股权激励的初衷不一致。股权激励旨在将经理层的行为目标引导至股东的最大化公司价值这一目标上来，但行政任命制却导致国有控股公司的高管可能更愿意谋求政治晋升，而对股权激励这种有风险的报酬心存疑虑，特别是，当这种风险报酬还受到一定程度管制的时候，更可能导致国有控股公司高管对股权激励缺乏兴趣。

第六章　国资控股、政府干预与股权激励计划的选择

——基于2005—2008年上市公司数据的实证分析

第一节　研究假说和研究设计

一、研究假说

由于或多或少承担了政府转嫁的政策性负担，相对于非国有控股的公司，国有控股公司并不完全是一个价值最大化者，而股权激励的根本目的即在于通过激励经理层努力工作以最大化公司价值，既然国有控股公司并不完全追求利润最大化，因此，也就没有强烈的动力去选择股票期权激励。另一方面，众所周知，国资控股公司的高管薪酬是受到管制的（陈冬华等，2005）。作为高管薪酬组合一部分的股票期权激励，自然摆脱不了政府的管制。实际上，2006年国务院国资委和财政部联合出台的《国有控股上市公司（境内）实施股权激励试行办法》在规定公司授予高管人员股权数量的确定方法时，对高级管理人员个人股权激励预期收益水平作了限定。如：在《办法》的第十六条中规定，“在股权激励计划有效期内，高级管理人员个人股权激励预期收益水平，应控制在其薪酬总水平（含预期的期权或股权收益）的30%以内。高级管理人员薪酬总水平应参照国有资产监督管理机构或部门的原则规定，依据上市公司绩效考核与薪酬管理办法确定”。据此，本文假设：

假设一，与非国有控股公司相比，国有控股公司更不倾向于选择股权激励。

假设二，与非国有控股公司相比，国有控股公司授予的股权激励份额较少。

根据第五章关于政府干预对股权激励有效性影响的分析可以知道，基于不完全经济性动因的政府干预至少会从两个维度对公司选择股权激

励计划产生消极影响。一方面，政府干预会弱化代理人努力程度与公司利润和公司股价之间的关系，委托人在利用公司股价的波动来推断代理人努力程度时，需要排除更多的外生因素的干扰，或者说，资本市场通过公司股票价格的波动向委托人传递关于代理人努力程度的新信息的能力受到削弱。这种情况导致的后果是，考虑到政府干预对股权激励的负面影响，委托人将没有动力选择对代理人实施股权激励；另一方面，从Leland 和 Pyle 的股权激励机制来看，政府干预会使得公司的收益变得更加不确定，即使是内部人，也难以把握公司收益的分布，或者说，由于政府干预的存在，公司内部人对公司平均收益的了解也不比外部投资者更多。因此，内部人缺乏通过实施股权激励来进行信号传递以缓解逆向选择的激励。而且，不难预期，随着政府干预的增强，上述两种消极影响就会越严重。据此，本文假设：

假设三，政府干预越强，国有控股公司越不倾向于选择股权激励。

假设四，政府干预越强，国有控股公司授予的股权激励份额越少。

二、研究设计

（一）样本选择与数据来源

1. 样本选择

本章实证检验以沪深 A 股上市公司为样本，研究期间为 2005 年 1 月 1 日至 2008 年 12 月 31 日，在此期间，共有 125 家公司公布了股权激励方案，占上市公司全体的 8.00%，从时间分布上看，2005 年有 6 家，2006 年有 38 家，2007 年有 9 家，2008 年有 72 家，由此可见，方案公布在时间分布上不均衡。由于公司选择股权激励的年份不一，为了使选择股权激励的样本与不选择股权激励的公司数据具有可比性，本文对所有公司都取 2008 年同一年的数据进行回归检验①。2008 年沪深两市共有 1602 家上市公司，剔除金融类公司、数据缺失的公司等，最终得到 1562 个回归样本。

2. 数据来源

本章实证检验的数据主要包括两种类型：一是手工数据，根据上市公司公开披露的年度报告整理得到，年度报告来自于中国证监会指定信

① 这与 Konari Uchida（2006）和吕长江等（2009）等人的做法相同。

息披露网站——巨潮资讯网（www.cninfo.com.cn）；二是通用数据，来自上海万得信息技术有限公司开发的WIND数据库和北京色诺芬（SinoFin）信息服务有限公司开发的CCER数据库。各地市国内生产总值（GDP）数据来自中国经济信息网统计数据库（http://db.cei.gov.cn）。

公布股权激励方案的公司、激励总数占当时总股本比例、方案进度、激励方式及相关公告日期等数据来自于WIND数据库。

上市公司最终控制人类型及其对上市公司的现金流权数据根据上市公司年度报告中“股本变动及股东情况”进行逐一整理。根据中国证监会颁布的《公开发行证券的公司信息披露内容与格式准则第2号——年度报告的内容与格式》的有关规定，自2001年年度报告起，上市公司必须披露其最终控制人的资料，而从2004年起上市公司被要求披露股权结构树状图以及各级控股公司之间的所有权、控制权比例等。因此，绝大部分上市公司最终控制人类型及其对上市公司的现金流权数据可以从年度报告中整理获得。

按照最终控制人类型，本文将上市公司划分为中央政府控股、地方政府控股和非国有控股等三种类型。如果上市公司是由自然人、职工持股会、民营企业、集体企业及外资企业最终控制的，则将认定为非国有控股；如果上市公司是由地方政府或中央政府的有关部门或机构最终控制，则分别将其认定为地方政府或中央政府控股①。

本文使用的地区政府干预指数是根据樊纲、王小鲁和朱恒鹏（2006）编制的中国市场化指数——各地区市场化相对进程的数据及其子数据构建而成②。樊纲等人根据大量的统计和调查资料，采用“主因素分析法”，编制出中国各地区（省、自治区、直辖市）市场化相对进程的指标。这一指标涉及五个方面，分别是“政府与市场的关系”、“非

① 采取与夏立军（2005）相同的方法，对于部属大专院校最终控制的上市公司，本文将其认定为中央政府控股；而对于地方政府教育部门所属院校最终控制的上市公司，本文将其认定为地方政府控股。此类上市公司在本文研究样本中比较少，这样处理应该不会对研究结论产生实质性的影响。

② 樊纲、王小鲁和朱恒鹏编制的中国市场化指数——各地区市场化相对进程数据及其子数据已被广泛地运用于研究中国各地区的制度环境，并具有较好的解释力，如夏立军和方铁强（2005）、孙铮、刘凤委和李增泉（2005）、曾庆生和陈信元（2006）、Li，Meng和Zhang（2004）、Fan，Wong和Zhang（2005），等等。

国有经济的发展”、“产品市场的发育程度”、“要素市场的发育程度”以及“市场中介组织发育和法律制度环境”。其中，“政府与市场的关系”是根据各地区“市场分配经济资源的比重”、“减轻农民的税费负担”、“减少政府对企业的干预”、“减轻企业的税外负担”、“缩小政府规模”等五项基础指标来确定的，从较综合的方面反映了各地区政府干预经济的程度；而在这五项基础指标中，“减少政府对企业的干预”和“减轻企业的税外负担”两项基础指标，则直接反映了各地区政府对辖区内企业的干预程度。因此，本文将樊纲等（2006）报告的各地区“政府与市场的关系”、“减少政府对企业的干预”和“减轻企业的税外负担”三项指标得分分别作为各地区的政府干预指数。此外，由于政府干预程度强弱与市场化程度高低是相对的，市场化程度越高往往意味着政府干预程度就越低，所以，本文还用各地区市场化程度总得分作为对各地区政府干预指数的再一个度量。也就是说，本文用四项指标从三个层次来衡量政府干预程度，即第一个层次是“减少政府对企业的干预”和“减轻企业的税外负担”两项指标，这是相对直接度量政府干预程度的指标；第二个层次是“政府与市场的关系”指标，它是相对于前两者的较综合的衡量指标；而各地区市场化程度是第三个层次度量政府干预的指标，也是最综合的一项指标。表6-1列示了本文所采用的三个层次四项指标衡量的各地区政府干预指数。

表6-1 各地区政府干预指数

地区	减少政府对企业的干预	减轻企业的税外负担	政府与市场的关系	市场化程度
北京	6.81	15.8	9.24	8.62
天津	5.69	14.68	8.47	8.34
河北	4.83	14.45	8.72	6.41
山西	3.59	12.92	7	5.26
内蒙古	2.6	14.1	6.87	5.52
辽宁	5.9	14.8	8.47	7.84
吉林	4.9	12.26	7.68	5.89
黑龙江	1.61	14.4	7.76	5.26

（续表）

地区	减少政府对企业的干预	减轻企业的税外负担	政府与市场的关系	市场化程度
上海	10.7	15.95	9.97	10.41
江苏	9.08	14.63	10.33	9.07
浙江	8.89	14.72	9.91	9.9
安徽	7.07	14.97	9.83	6.56
福建	8.34	14.29	9.97	8.62
江西	2.14	12.09	7.72	6.22
山东	3.74	14.88	8.54	8.21
河南	4.56	14.23	8.58	6.2
湖北	5.82	14.64	9.05	6.65
湖南	1.46	14.31	7.67	6.55
广东	11.52	15.83	10.63	10.06
广西	5.02	15.06	9.15	5.82
海南	4.81	15.5	8.49	5.54
重庆	5.03	13.43	8.89	7.23
四川	6.14	15.39	9.44	6.86
贵州		14.04	6.69	4.57
云南	2.9	12.64	7.37	5.15
西藏	3.83	4.77		2.5
陕西	4.17	14.43	7.77	4.8
甘肃	2.75	13.79	7.13	4.44
青海		14.65	5.58	3.84
宁夏	4.18	13.99	6.8	4.85
新疆	3.93	14.49	6.54	5.02

注：表中数据来自樊纲、王小鲁和朱恒鹏编制的《中国市场化指数——各地区市场化相对进程2006年报告》中的相关总指数、方面指数和分项指标得分。

表 6-1 列示了从三个层次度量的各地区政府干预指数。在表中，以"减少政府对企业的干预"、"减轻企业的税外负担"和"政府与市场的关系"三项指标得分度量的政府干预指数越大代表政府干预程度越弱；用市场化程度间接度量的政府干预指数越大也表示政府干预越小。从表 6-1 中可知，用"减少政府对企业的干预"得分度量的政府干预程度，湖南最大，得分为 1.46，广东最小，得分为 11.52；"减轻企业的税外负担"得分度量的政府干预程度，西藏最大，得分为 4.77，而上海最小，得分为 15.95；"政府与市场的关系"得分度量的政府干预程度，青海最大，广东最小，得分分别为 5.58 和 10.63；用市场化程度间接度量的政府干预程度，西藏最大，上海最小，得分分别是 2.5 和 10.41。可见，各地区政府对辖区内企业的干预程度差异明显。

在稳健性检验中，本文还使用了地方政府行政辖区内上市公司数量和上市公司经济影响力作为政府干预程度的代理变量①。我们以上市公司注册地作为确定地方政府行政辖区内上市公司数量的依据，上市公司注册地数据来自 CCER 公司治理数据库，部分上市公司注册地的行政隶属关系通过百度搜索获得，而地方政府行政辖区内上市公司数量是由手工统计得到。据以计算上市公司经济影响力的地方国内生产总值（GDP）数据来自中国经济信息网统计数据库（http：//db. cei. gov. cn）中的城市年度和综合年度库。

本文使用的其他数据如公司财务指标、行业类型、公司注册地等数据来自 CCER 数据库。

本文使用 Stata8.0 计量分析软件进行数据处理。

（二）检验模型与变量设定

1. 检验模型

本章运用股权激励计划选择和股权激励强度两个模型来检验研究假设。在股权激励计划选择的模型中，由于因变量是哑变量，所以采用 Logistic 回归方法；而在股权激励强度模型中，由于因变量是连续变量，因而采用 OLS 回归方法。具体检验模型如下：

（1）股权激励计划选择模型：

---

① 谭劲松、陈艳艳和谭燕（2008）用地方上市公司数量和上市公司经济影响力作为政治联系的替代变量，研究了政治联系对企业融资行为的影响。受此启示，本文用地方上市公司数量和上市公司经济影响力作为对政府干预程度的度量。

$Option = \alpha_0 + \alpha_1 Stateown + \alpha_2 Indxgv + \alpha_3 Lastown + \alpha_4 Down + \alpha_5 Age + \alpha_6 Duality + \alpha_7 Growth + \alpha_8 Debt + \alpha_9 Size + \alpha_{10} Indu + \varepsilon$

（2）股权激励强度模型：

$Ratio = \beta_0 + \beta_1 Stateown + \beta_2 Indxgv + \beta_3 Lastown + \beta_4 Down + \beta_5 Age + \beta_6 Duality + \beta_7 Growth + \beta_8 Deb + \beta_9 Size + \beta_{10} Indu + \varepsilon$

2. 变量设定

（1）被解释变量

本章设置“是否公布股权激励方案”、“激励总数占当时总股本比例”两个变量分别作为股权激励计划选择模型和股权激励强度模型的因变量。

Option：哑变量，是否公布股权激励方案。上市公司在2005年1月1日至2008年12月31日之间公布股权激励董事会预案的，取值为1，否则为0。该变量作为股权激励计划选择模型的因变量，用来考察上市公司选择股权激励的意愿。

Ratio：激励总数占当时总股本比例①，作为股权激励强度模型的因变量，该变量用以考察上市公司股权激励的强度。

（2）政府干预变量

本章采用三大类变量来衡量政府干预程度，即“政府干预指数”、“地方上市公司数量”和“上市公司经济影响力”，其中，后两者用于稳健性检验。此外，本章还设置“国有控股”和“地方政府控股”两个变量，以考察国有控股和地方政府控股对股票期权激励有效性的影响。

利用樊纲、王小鲁和朱恒鹏编报的中国各地区市场化相对进程数据，构建“政府干预指数”来衡量政府干预程度，是诸多文献的常用方法（如：曾庆生和陈信元，2006；夏立军和方铁强，2005；孙铮、刘凤委和李增泉，2005；Li，Meng和Zhang，2004；Fan，Wong和Zhang，2005；等等）。而用“地方上市公司数量”和“上市公司经济影响力”来衡量政府干预程度则尚不多见。本章受谭劲松等（2008）的启示，认为这两个变量可以作为政府干预程度的替代变量。具体理由说明如下：

众所周知，分权化改革大大提高了地方政府发展地方经济的积极性，但同时也诱发了地方政府为了实现自身目标而干预辖区内国有企业

① 若激励方式是限制性股票，激励总数即为所授予的限制性股票的总数量；若激励方式是股票期权，激励总数即为所授予的股票期权的总数量。

的动机。正如吸引外资一样，从证券市场获得资源同样有利于发展地方经济，解决就业问题，改善当地形象，并最终给政府官员带来利益。在目前我国证券市场投资者法律保护不力的情况下，从证券市场获取资源的使用成本非常低。因此，地方政府有动机通过干预上市公司，以实现其自身的目标（夏立军等，2005）。在地方政府目标和任务给定的情况下，辖区内上市公司数量越多，每个上市公司被分摊的政策性负担就会越少，或者说，地方政府辖区内上市公司数量越多，单个上市公司被干预程度就会越低。譬如，以政府干预的主要形式之一——企业的税外负担为例，在地方政府某段时期支出总量给定的情况下，地方政府控股公司数量越多，每个公司的税外负担就会越少。因此，“地方上市公司数量”可以用来衡量地方政府的干预程度，地方上市公司数量越多，地方政府干预程度就会越弱。“地方上市公司数量”是从“量”的角度对政府干预程度所作的衡量，而“上市公司经济影响力”则是从“质”角度来测度政府干预程度。很显然，上市公司在当地经济中的影响力越大，对当地 GDP 等总量指标的影响就会越大，当地政府就越有激励对其进行干预，因此，“上市公司经济影响力”也是可以作为政府干预程度的替代变量。该指标越大，意味着政府干预程度就越强。

① 政府干预指数

本章采用以下三个层次四项指标来衡量的各地区政府干预指数。

Indxgvc：各地区政府干预程度。数值越大，代表政府干预程度越弱。数据来自于樊纲、王小鲁和朱恒鹏（2006）报告的 2005 年度中国各地区市场化相对进程子数据——“减少政府对企业的干预”指标。

Indxgvd：各地区政府干预程度。数值越大，代表政府干预程度越弱。数据来自于樊纲、王小鲁和朱恒鹏（2006）报告的 2005 年度中国各地区市场化相对进程子数据——“减轻企业的税外负担”指标。

Indxgv：各地区政府干预程度。数值越大，代表政府干预程度越弱。数据来自于樊纲、王小鲁和朱恒鹏（2006）报告的 2005 年度中国各地区市场化相对进程子数据——“政府与市场的关系”指标。

Indxmr：各地区政府干预程度。数值越大，代表政府干预程度越弱。数据来自于樊纲、王小鲁和朱恒鹏（2006）报告的 2005 年度中国各地区市场化相对进程数据——“市场化指数”指标。

② 地方上市公司数量

Numcity：地级市（区、州、旗等）行政辖区内上市公司数量。该变量数值越大，代表政府干预越小（谭劲松等，2008）。

Numpro：省（市、自治区）行政辖区内上市公司数量。该变量数值越大，代表政府干预越小。

③ 上市公司经济影响力

Effect1：上市公司本期主营业务收入占所属地级市上年度国内生产总值的比重。该变量数值越大，表示上市公司对当地经济影响力就越大，从而政府干预程度也就越大。

Effect2：上市公司本期主营业务收入占所属地级市前两年平均国内生产总值的比重。该变量数值越大，表示上市公司对当地经济影响力就越大，从而政府干预程度也就越大。

Effect3：上市公司本期主营业务收入占所属地级市前三年平均国内生产总值的比重。该变量数值越大，表示上市公司对当地经济影响力就越大，从而政府干预程度也就越大。

④ 国有控股哑变量

Stateown：哑变量，如果上市公司最终控制人是政府有关机构（如国资委、财政部门等）、国有资产经营公司、大专院校及科研机构等，则取值为1；否则为0。

⑤ 地方政府控股哑变量

Localown：哑变量，如果上市公司最终控制人是地方政府（包括地方政府所属部门或机构，如国资委、财政局等），则取值为1；否则为0。

（3）控制变量

Lastown：最终控制人对上市公司的现金流权。用来反映最终控制人对上市公司的控制力和上市公司所有权结构的集中程度。现代财务文献研究认为公司所有权结构和其经理层薪酬组合之间存在联系。在美国和英国等公司治理体系中，由于所有权结构比较分散，经理层倾向于追逐自己的目标（这被称为经理层的壕沟行为），这会导致诸如经理层薪酬的过度支付和缺乏薪酬业绩敏感度等问题（Murphy，1999）。在美英等国以外的国家和地区，公司所有权结构相对集中。集中的所有权结构能够强化对经理层的监督从而被认为是给予经理层激励的一种替代。因此，可以预期股权结构集中的公司将会授予较少的股票期权。这一预期得到了大量经验证据的支持，如 Mehran（1995）、Ryan 和 Wiggins（2001）、Ittner 等（2003）均发现权益基础的报酬与第一大股东的持股比例负相关。然而，Bebchulk 和 Fried（2004）依据管理层权力论认为，大股东的存在会促使经理层薪酬设计更符合股东利益，因而，薪酬与业绩的敏感度会更高。在我国，无论是国有控股上市公司还是非国有控股上市公司，都普遍存在着集中的所有权结构。由于董事长或总经理是控股股东的直接代表或控股股东本人，因而这些经营者的利益与股东的利益就容易一致（Jensen 和 Mecking ，1976），从而，实施股权激励的动机就越弱。因此，本章预期最终控制人的现金流权与股权激励计划的选择和激励强度均负相关。

Down：董事长持股比例。经理层较低的持股水平被认为是公司有较严重代理问题的表征（Berle 和 Means，1932；Jensen 和 Meckling，1976），许多学者认为高管薪酬合同应该考虑经理层个人的股权，因此，经理层持股比例低的公司应该更可能选择股权激励。当然，这一假设是建立在经理层持股是外生的这一基础之上，如果经理层持股是定约过程的内生结果，那么，经理层持股比例与选择股票期权之间就不一定存在负相关关系（Yermack，1995）。依据管理层权力论（Bebchulk 和 Fried，2004），当持股比例较高时，经理层往往拥有较大的权力，而较大的权力往往会导致"过度支付"问题，因此，经理层持股比例与选择股票期权及激励强度就可能正相关。在我国，由于"所有者缺位"，国有控股公司内部人实质上拥有较大的权力，当然，随着各种公司治理机制的逐步建立健全，国有控股公司内部人的权力也在得到约束和制衡，因此，在我国，经理层持股比例与选择股票期权及激励强度之间是正相关还是负相关，是一个尚待检验的命题。另外，在我国上市公司中，谁对公司的经营决策起关键作用？从相关法规的具体规定来看，我国上市公司的总经理行使的职权类似于西方公司的 CEO。但相关法规也同时规定了董事长在特殊情况下的重要职责；并且，从实践来看，董事长在我国经营活动中发挥的作用似乎远大于总经理（李增泉，2002）。因此，本章选择董事长持股比例作为经理层持股比例的替代。

Age：高管层平均年龄。"决策视野问题"假设认为，临近退休的高管将不愿意实施有价值的研究开发和投资项目，原因在于，基于会计数据的激励计划将会使得在位经理层因为大笔开支导致当前会计利润较低而遭受损失，但却使得他们的继任者因支出产生效果而受益（Smith 和 Watts，1982；Dechow 和 Sloan，1991；Murphy 和 Zimmerman，1993）。相关文献（Yermack，1995；等）预期，公司有激励通过向年龄较大的高管授予股票期权来解决“决策视野问题”，同时，只要经理层相信理性的投资者会资本化新投资的预期回报，他们也有动力接受期权激励以最大化公司价值。因此，本章预期经理层的平均年龄与公司选择股权激励正相关。

Duality：哑变量，董事长与总经理是否兼职。相对于不是董事长的总经理，兼任董事长的总经理面临着更为复杂的任务或有更高的能力，因而需要更加变动的薪酬（Konstantinos Tzioumis，2008）。所以，如果股权激励授予行为是有效的，那么，董事长与总经理兼任不仅需要被授予股票期权激励，而且应该被授予更多的股票期权。基于此，本章预期该变量符号为正。

Growth：营业收入增长率，是本期营业收入与上期营业收入之差与上期营业收入的比值，用来表示公司增长机会。在有大的“增长机会”的公司，来自未来投资的预期利润代表了公司价值的重要部分（Myers，1977；Smith 和 Watts，1992）。无数投资决策研究认为（例如：Holmstrom 和 Costa，1986；Smith 和 Watts，1992；Bizjak，Brickley 和 Coles，1993；等）经理层拥有关于公司增长机会的私人信息。进一步的假设认为，随着这种信息不对称的加剧，董事会越来越难以评估经理层投资决策的正确性。因此，有较高增长机会的公司应该授予经理层更多的股票期权激励，用这些市场基础的薪酬机制取代基于直接监督的工资奖金规定。本章采用营业收入增长率作为公司增长机会的代理变量。显然，具有高增长机会的公司更可能选择股权激励计划。

Debt：公司财务杠杆，即负债总额与资产总额之间的比率关系。John 和 John（1993）分析了公司薪酬政策选择与资本结构之间的相互作用，认为，如果经理层有强烈的激励最大化公司价值，那么，债权人将会对其贷款索取更高的风险溢价，以防经理层追逐过高风险的投资项目从而将财富从债权人转移至股东。在他们的模型中，股东发现为了降低负债的预期代理成本，随着财务杠杆提高降低经理层薪酬业绩敏感度是最优的。他们预期财务杠杆与经理层激励强度之间呈负相关关系。在经验研究上，检验的结果却不太一致。基于加拿大公司的样本，Chourou，Abaoub 和 Saadi（2008）的研究结果支持这一理论预期，Konari Uchida（2006）运用日本公司的数据也发现财务杠杆与公司选择股票期权激励负相关；然而，Lewellen 等（1987）却得到了正相关的证据，而 Yermack（1995）发现二者之间没有显著的相关关系。在我国，负债的代理成本假设是否成立？这是一个待检验的命题，也就是说，本章预期该变量符号既可能为正也可能为负。。

Size：公司规模，即为公司期末总资产的自然对数。许多既有研究认为公司规模影响公司选择股票期权的可能性。Jensen 和 Meckling（1976）认为随着公司规模扩大，监督经理层的行为将变得愈发困难，因此，大公司更有必要选择激励计划。Eaton 和 Rosen（1983）也推论公司规模与选择股票期权计划正相关，因为大公司的经理需要配置和管理更复杂的资产，所以股东难以监督经理层。Konari Uchida（2006）则认为，由于大公司拥有许多有能力的专业人才，所以它们有能力引入诸如股票期权这样的治理机制。然而，Ryan 和 Wiggins（2001）则提出了不同的假设：由于媒体和分析师经常报道大公司的新闻，所以大公司的信息不对称问题不太严重，因此，大规模的公司更不倾向于选择股票期权计划。在经验研究上也没有取得一致的结论。Smith 和 Watts（1992）和 Core 和 Guay（1999）发现公司规模与授予股票期权正相关，但 Murphy（1985）却得到相反的结论。另外，还有一些研究没有发现二者之间存在显著的相关关系（Matsunaga，1995；Mehran，1995）。在我国，公司规模是否影响公司选择股票期权的可能性？尚待检验，也即，该变量符号既可能为正也可能是负。

Indu：行业哑变量。按证监会的分类标准（除制造业按次大类划分，其他以大类为准），共有 22 个行业。剔除金融行业，最后设置 20 个行业哑变量。

表 6-2　变量定义

被解释变量	
Option	哑变量，上市公司在 2005 年 7 月 1 日至 2008 年 12 月 31 日之间公布股权激励董事会预案的，取值为 1，否则为 0。
Ratio	激励总数占当时总股本比例，用来度量股权激励强度。
政府干预变量	
政府干预指数	
Indxgvc	各地区政府干预程度。数值越大，代表政府干预程度越弱。数据来自于樊纲、王小鲁和朱恒鹏（2006）报告的 2005 年度中国各地区市场化相对进程子数据——“减少政府对企业的干预”指标。

（续表）

Indxgvd	各地区政府干预程度。数值越大，代表政府干预程度越弱。数据来自于樊纲、王小鲁和朱恒鹏（2006）报告的2005年度中国各地区市场化相对进程子数据——“减轻企业的税外负担”指标。
Indxgv	各地区政府干预程度。数值越大，代表政府干预程度越弱。数据来自于樊纲、王小鲁和朱恒鹏（2006）报告的2005年度中国各地区市场化相对进程子数据——“政府与市场的关系”指标。
Indxmr	各地区政府干预程度。数值越大，代表政府干预程度越弱。数据来自于樊纲、王小鲁和朱恒鹏（2006）报告的2005年度中国各地区市场化相对进程数据——“市场化指数”指标。
地方上市公司数量	
Numcity	地级市（区、州、旗等）行政辖区内上市公司数量。该变量数值越大，代表政府干预越小。
Numpro	省（直辖市、自治区）行政辖区内上市公司数量。该变量数值越大，代表政府干预越小。
上市公司经济影响力	
Effect1	上市公司本期主营业务收入占所属地级市上年度国内生产总值的比重。该变量数值越大，表示上市公司对当地经济影响力就越大，从而政府干预程度也就越大。
Effect2	上市公司本期主营业务收入占所属地级市前两年平均国内生产总值的比重。该变量数值越大，表示上市公司对当地经济影响力就越大，从而政府干预程度也就越大。
Effect3	上市公司本期主营业务收入占所属地级市前三年平均国内生产总值的比重。该变量数值越大，表示上市公司对当地经济影响力就越大，从而政府干预程度也就越大。
国有控股哑变量	
Stateown	国有控股哑变量，如果上市公司最终控制人是政府有关机构（如国资委、财政部门等）、国有资产经营公司、大专院校及科研机构等，则取值为1；否则为0。
Localown	地方政府控股哑变量，如果上市公司最终控制人是地方政府（包括地方政府所属部门或机构，如国资委、财政局等），则取值为1；否则为0。

（续表）

控制变量	
Lastown	最终控制人对上市公司的现金流权。
Down	董事长持股比例。
Age	高管层平均年龄。
Duality	哑变量，董事长与总经理是否兼职。如果公司董事长和总经理职位由一人兼任，则取值为 1；否则为 0。
Growth	营业收入增长率，是本期营业收入与上期营业收入之差与上期营业收入的比值，代表公司增长机会。用公式表示为：营业收入增长率 =（本期营业收入 － 上期营业收入）/ 上期营业收入 * 100%。
Debt	公司财务杠杆，即负债总额与资产总额之间的比率关系。
Size	公司期末总资产的自然对数，用来表示公司规模。
Indu	行业哑变量。

（三）变量描述性统计

表 6－3 、表 6－4 和表 6－5 分别给出了变量描述性统计结果和有关变量的 Pearson 相关分析结果。从表 6－3 中 Option 变量的描述性统计结果可知，在总样本中，有 8.00%的公司公布了股权激励计划，但选择公布股权激励计划在国有控股公司和非国有控股公司之间分布并不均衡：在非国有控股公司中有 12.91%的公司选择了公布股权激励计划，而只有 4.64%的国有控股公司公布了股权激励计划。简单的描述性统计告诉我们，相对于非国有控股公司而言，国有控股公司更不倾向于选择股权激励！对国有控股公司的进一步描述性统计分析还可以看出，相对于中央政府控股上市公司的 6.33%，只有 3.83%的地方政府控股公司公布了股权激励方案，也就是说，地方政府控股的上市公司更不愿意选择股权激励。什么原因导致了国有控股公司相对于非国有控股公司更不愿意选择股权激励呢？地方政府控股的公司为什么更不倾向于采用股权方式来激励其经理层？简单的描述性统计难以得出答案，需要做进一步的多元回归分析。

表 6-3 虚拟变量描述性统计

Variable	Stateown	Localown	N	取值 1 的数量	占总样本比重（%）
Option	All		1，562	125	8.00
	0		635	82	12.91
	1	All	927	43	4.64
		0	300	19	6.33
		1	627	24	3.83
Duality			1，562	196	12.55
Stateown			1，562	927	59.35
Local-own			1，562	627	40.14

注：各变量的定义见表 6-2 。

表 6-4 连续型变量描述性统计

Variable	N	Mean	Std. Dev	Median	Min	Max
Ratio	116	4.485666	2.914185	3.84775	0.0034	13.24
Indxgvc	1562	6.969097	3.029329	6.81	1.46	11.52
	116	7.834655	2.997607	8.34	1.46	11.52
Indxgvd	1562	14.82912	0.9317813	14.72	12.09	15.95
	116	14.96552	0.9176115	14.8	12.09	15.95
Indxgv	1562	9.184097	1.119381	9.24	6.54	10.63
	116	9.503362	1.068523	9.91	6.54	10.63
Indxmr	1562	8.012202	1.823436	8.34	4.44	10.41
	116	8.515776	1.649528	8.62	4.8	10.41
Numcity	1562	24.03073	29.11776	14	1	103
	116	33.12069	33.22889	20	1	103

（续表）

Variable	N	Mean	Std. Dev	Median	Min	Max
Numpro	1562	92.91485	58.48242	93	11	199
	116	111.7845	62.56792	111	19	199
Effect1	1503	0.0662487	0.3608191	0.0091858	1.11e−06	12.11542
	114	0.0489375	0.0964847	0.0106728	0.0002487	0.4970529
Effect2	1503	0.0718468	0.4368015	0.0093387	1.20e−06	15.31452
	114	0.0496019	0.1007285	0.0113249	0.0001287	0.5303161
Effect3	1503	0.0772922	0.4719995	0.0100308	1.36e−06	16.55912
	114	0.0532184	0.1081751	0.0120801	0.0001379	0.5676031
Lastown	1562	32.63064	17.22334	30.48	0.52	86.71
	116	31.50543	18.07871	28.005	1.78	79.6
Down	1562	0.0230245	0.0819291	0	0	0.6910736
	116	0.0574298	0.1184914	0.0002104	0	0.5725564
Age	1562	46.74712	4.893557	47	34	59
	116	45.7069	3.14025	45	40	54
Growth	1562	8.619454	222.3822	0.08615	−0.9999	8388.736
	116	0.2358466	0.4065342	0.1732	−0.6589	3.3154
Debt	1562	0.6511083	2.637451	0.5114	0.0182	96.9593
	116	0.456356	0.1748305	0.46505	0.0328	0.8377
Size	1562	21.47568	1.343679	21.37037	14.10822	27.81334
	116	21.86223	1.193915	21.68451	19.72359	25.50239

注：各变量的定义见表 6-2 。其中，1562 是股权激励计划选择模型的样本数，116 为股权激励强度模型的样本数。股权激励强度模型的样本数之所以是 116 而不是表 6-3 描述性统计的 125，是因为 125 家公布股权激励计划的公司中有 9 家没有公布激励总数占当时总股本比例，也即因变量 Ratio 缺失 9 个观测值，从而导致样本数减少 9 个。另外，“上市公司经济影响力”变量的统计样本分别为 1503 和 114，而非 1562 和 116，是由于部分地级市（区、州等）缺少 GDP 数据所致。

表 6－5　有关变量的 Pearson 相关分析结果

	Option	Ratio	Stateown	Localown	Indxgvc	Indxgvd	Indxgv	Indxmr	Numcity	Numpro
Option	1.0000									
Ratio	1.0000	1.0000								
State-	−0.1498	−0.3882	1.0000							
own	0.0000	0.0000								
Local-	−0.1260	−0.1525	0.6778	1.0000						
own	0.0000	0.1021	0.0000							
Indxgvc	0.0752	0.0760	−0.1514	−0.1067	1.0000					
	0.0029	0.4174	0.0000	0.0000						
Indxgvd	0.0336	0.1085	−0.0512	−0.0990	0.6618	1.0000				
	0.1839	0.2462	0.0431	0.0001	0.0000					
Indxgv	0.0700	0.1266	−0.1798	−0.1221	0.9046	0.6582	1.0000			
	0.0057	0.1757	0.0000	0.0000	0.0000	0.0000				
Indxmr	0.0789	0.0772	−0.1403	−0.1130	0.8691	0.6513	0.8406	1.0000		
	0.0018	0.4100	0.0000	0.0000	0.0000	0.0000	0.0000			
Numcity	0.0901	−0.0209	0.0010	−0.0413	0.5453	0.4417	0.4395	0.4880	1.0000	
	0.0004	0.8239	0.9697	0.1028	0.0000	0.0000	0.0000	0.0000		
Numpro	0.0878	0.0700	−0.1385	−0.1183	0.8809	0.7119	0.8110	0.8967	0.5937	1.0000
	0.0005	0.4549	0.0000	0.0000	0.0000	0.0000	0.0000	0.0000	0.0000	
Effect1	−0.0137	−0.1071	0.0837	0.0722	−0.1103	−0.1263	−0.0953	−0.1074	−0.1080	−0.1015
	0.5962	0.2527	0.0012	0.0051	0.0000	0.0000	0.0002	0.0000	0.0000	0.0001

（续表）

	Option	Ratio	Stateown	Localown	Indxgvc	Indxgvd	Indxgv	Indxmr	Numcity	Numpro
Effect2	−0.0145	−0.0904	0.0804	0.0718	−0.1029	−0.1239	−0.0906	−0.0992	−0.0990	−0.0946
	0.5700	0.3386	0.0016	0.0049	0.0001	0.0000	0.0004	0.0001	0.0001	0.0002
Effect3	−0.0145	−0.0925	0.0800	0.0716	−0.1025	−0.1233	−0.0900	−0.0987	−0.0986	−0.0941
	0.5694	0.3276	0.0017	0.0050	0.0001	0.0000	0.0004	0.0001	0.0001	0.0002
Lastown	−0.0139	−0.2946	0.2314	0.1484	0.0268	0.0601	0.0308	0.0536	0.0433	0.0344
	0.5831	0.0013	0.0000	0.0000	0.2898	0.0174	0.2243	0.0341	0.0868	0.1744
Down	0.1230	0.0570	−0.3298	−0.2224	0.1417	0.0777	0.1555	0.1651	0.0532	0.1695
	0.0000	0.5432	0.0000	0.0000	0.0000	0.0021	0.0000	0.0000	0.0355	0.0000
Duality	0.0094	0.1726	−0.1626	−0.0973	0.0444	−0.0248	0.0557	0.0371	−0.0110	0.0352
	0.7115	0.0639	0.0000	0.0001	0.0791	0.3279	0.0276	0.1426	0.6633	0.1640
Age	−0.0614	−0.0927	0.2657	0.1630	−0.0291	0.0226	−0.0483	0.0040	0.0384	−0.0465
	0.0152	0.3223	0.0000	0.0000	0.2511	0.3713	0.0564	0.8742	0.1295	0.0660
Debt	−0.0212	0.0405	−0.0477	−0.0301	0.0447	0.0277	0.0359	0.0356	0.0844	0.0491
	0.4016	0.6660	0.0595	0.2350	0.0776	0.2747	0.1562	0.1596	0.0008	0.0524
Growth	−0.0111	−0.0319	0.0091	−0.0310	0.0325	0.0286	0.0211	0.0318	0.0547	0.0221
	0.6605	0.7336	0.7193	0.2206	0.1991	0.2586	0.4053	0.2084	0.0307	0.3832
Size	0.0919	−0.2023	0.3311	0.1638	−0.0025	0.0455	−0.0327	0.0362	0.0347	0.0133
	0.0003	0.0294	0.0000	0.0000	0.9227	0.0721	0.1968	0.1530	0.1709	0.5991

注:各变量的定义见表 6-2 。表中各变量之间相关分析的样本数为 1562。每个变量有两行数值,上行为相关系数,下行是对应的 P 值(双尾检验)。

表 6－5　有关变量的 Pearson 相关分析结果(续)

	Effect1	Effect2	Effect3	Lastown	Down	Duality	Age	Debt	Growth	Size
Effect1	1.0000									
Effect2	0.9980	1.0000								
	0.0000									
Effect3	0.9978	0.9999	1.0000							
	0.0000	0.0000								
Lastown	0.1064	0.0909	0.0909	1.0000						
	0.0000	0.0004	0.0004							
Down	−0.0357	−0.0345	−0.0343	0.1626	1.0000					
	0.1669	0.1771	0.1791	0.0000						
Duality	−0.0354	−0.0309	−0.0307	−0.0823	0.0975	1.0000				
	0.1702	0.2259	0.2289	0.0011	0.0001					
Age	0.0721	0.0686	0.0683	0.0834	−0.1436	−0.0338	1.0000			
	0.0051	0.0071	0.0074	0.0010	0.0000	0.1824				
Debt	−0.0078	−0.0069	−0.0068	−0.0259	−0.0306	0.0784	−0.0231	1.0000		
	0.7617	0.7883	0.7893	0.3057	0.2274	0.0019	0.3618			
Growth	−0.0046	−0.0041	−0.0041	0.0180	−0.0107	−0.0145	−0.0039	0.0008	1.0000	
	0.8572	0.8717	0.8718	0.4771	0.6736	0.5665	0.8790	0.9740		
Size	0.2480	0.2279	0.2271	0.2501	−0.1509	−0.1457	0.2614	−0.1566	0.0612	1.0000
	0.0000	0.0000	0.0000	0.0000	0.0000	0.0000	0.0000	0.0000	0.0156	

注：各变量的定义见表 6－2 。表中各变量之间相关分析的样本数为 1562。每个变量有两行数值，上行为相关系数，下行是对应的 P 值(双尾检验)。

第二节　检验结果及分析

一、国资控股、政府干预与股权激励计划的选择

（一）多元回归结果与分析

表 6－6、表 6－7 和表 6－8 列示的是国资控股、政府干预与股权激励计划选择的 Logistic 多元回归结果，其中，表 6－6 是全样本的回归结果，表 6－7 和表 6－8 列示的是国有控股样本的回归结果；而表 6－8 与表 6－7 的区别在于，表 6－8 中加入了“地方政府控股”变量，以考察地方政府控股与中央政府控股对股权激励计划选择的影响差异。表 6－6、表 6－7 和表 6－8 中的所有模型均控制了行业哑变量的影响，但为了节省行文空间，回归结果没有在表中列出。

从表 6－6 中模型一的结果可以看出，“国有控股”变量（Stateown）的系数符号为负，并在 1％的水平上统计显著，这说明相对于非国有控股公司，国有控股公司更不愿意选择股权激励。表 6－6 中模型二至五是分别加入“政府干预指数”变量、“政府干预指数”变量与“国有控股”变量交互项以后的回归结果。之所以将三个层次四类“政府干预指数”变量分别加入模型，以及没有将“国有控股”变量（Stateown）与“政府干预指数”变量及其交互项共同纳入模型，是因为共线性问题。从回归结果来看，除了模型三中“政府干预指数”变量的系数不显著外，模型二至五中的“政府干预指数”变量的系数均显著为正，同时“政府干预指数”变量与“国有控股”变量交互项的系数均显著为负。由于政府干预指数越大表示政府干预程度越弱，因此，这一结果不仅说明，国有控股公司相对于非国有控股公司更不愿意选择股权激励；而且，表明公司所处地区的政府干预程度越弱，其选择股权激励计划的可能性也就越大，或者说，所处地区的政府干预程度越强，公司选择股权激励计划的可能性也就越小，即政府干预对公司（无论国有还是非国有控股公司）选择股权激励的动机产生了负面影响。

表 6－7 是单独对国有控股样本的回归结果。模型一和模型四的结果表明，“政府干预指数”变量的系数在 10％的水平上显著为正；模型二中“政府干预指数”变量的系数为正，单尾检验显著；模型三中“政府

干预指数”变量的系数为正，但不显著。综合表 6 - 7 的回归结果，我们可以看出，所处地区的政府干预程度越强，国有控股公司选择股权激励计划的可能性也就越小，即政府干预对国有控股公司选择股权激励的动机产生了负面影响。

表 6 - 8 也是对国有控股样本的回归结果，与表 6 - 7 不同的是，其加入了“地方政府控股”变量（Localown）。模型一的回归结果表明，“地方政府控股”变量的系数在 5％的水平上显著为负，这说明，相对于中央政府控股的公司，地方政府控股公司更不倾向于选择股权激励。模型二至五是加入“政府干预指数”变量及其与“地方政府控股”变量交互项后的回归结果。同样，由于共线性问题，它们被分别纳入，并且没有与“地方政府控股”变量共同出现在模型中。结果表明，“政府干预指数”变量与“地方政府控股”变量交互项的系数均显著为负；“政府干预指数”变量的系数在模型二、五中均显著为正，在模型三中“政府干预指数”变量的系数为正，单尾检验显著；模型四中“政府干预指数”系数虽为正却不显著。综合回归结果可知，地方政府控股公司比中央政府控股公司更不愿意选择股权激励。20 世纪 80 年代初开始的分权化改革，大大提高了地方政府发展地方经济的积极性，但同时也诱发了地方政府为了实现自身目标而干预辖区内国有企业的动机。由于行政分权，中央政府的角色更像是一个委托人，而地方政府的角色更类似于一个代理人（夏立军等，2005）。相对下级政府来说，上级政府更可能约束自身的行为，注意自身的形象。因此，在从证券市场竞争资源从而干预所控股上市公司方面，地方政府比中央政府具有更强的动机。正是由于地方政府更强的干预动机，使得其所控股的公司更不愿意选择股权激励。

综合表 6 - 6、表 6 - 7 和表 6 - 8 中“政府干预指数”和“国有控股”等变量的回归结果，可以得知，相对于非国有控股公司，国有控股公司更不倾向于选择股权激励；所处地区的政府干预程度越强，国有控股公司选择股权激励计划的可能性也就越小。因此，假设一和假设三得以验证。

从其他控制变量的回归结果来看，表 6 - 7 和表 6 - 8 中 Lastown 变量的系数均显著为负，表 6 - 6 中 Lastown 变量的系数为负，且模型二、四、五中其在 10％水平上显著，表明，国有股权比重越高，国有控股公司选择股权激励的可能性就越小，这与理论预期相符，即集中的所有权结构能够强化对经理层的监督从而是给与经理层激励的一种替代，并与Mehran（1995）、Ryan和Wiggins（2001）、Ittner等（2003）等人的经验证据一致。同时，这一结果进一步验证了上述假设一和假设三，就是说，国有股权比重越高，意味着政府对公司的控制力就越强，从而对公司的干预就会越严重，因而，国有控股公司越不倾向于选择股权激励。

表6-6、表6-7和表6-8的结果显示，Age变量的系数均显著为负，也就说，经理层的平均年龄与公司选择股权激励负相关，这与"决策视野问题"假设不符。根据"决策视野问题"假设，公司有激励通过向年龄较大的高管授予股票期权来解决"决策视野问题"，同时，只要经理层相信理性的投资者会资本化新投资的预期回报，他们也有动力接受期权激励以最大化公司价值。因此，若股权激励的选择是有效的，可以预期经理层的平均年龄与公司选择股权激励应该正相关。这一结果表明，我国国有控股公司没有动力通过股权激励来解决高管层的"决策视野问题"。然而，由于行政任命制，我国国有控股公司的高管实质上存在着严重的"短期化行为"，而"短期化行为"的本身也抑制了国有控股公司对股权激励的需求。

Debt变量的系数在表6-6、表6-7和表6-8中均显著为负，这与负债的代理成本假设相一致：如果经理层因为股权激励从而有强烈的动机最大化公司价值，那么，债权人将会对其贷款索取更高的风险溢价，以防经理层追逐过高风险的投资项目从而将财富从债权人转移至股东。因而，股东发现为了降低负债的预期代理成本，随着财务杠杆提高会降低经理层薪酬业绩敏感度。这一结果表明，随着市场化进程的加快，不论是国有控股还是非国有控股公司，债权人约束和治理作用在强化。

Size变量的系数在表6-6、表6-7和表6-8中均显著为正，这验证了Jensen和Meckling（1976）以及Eaton和Rosen（1983）的推论，即随着公司规模扩大，经理需要配置和管理更复杂的资产，监督经理层的行为将变得愈发困难，因此，大公司更有必要选择和实施激励计划。并且，这与Smith和Watts（1992）以及Core和Guay（1999）的经验研究结果相一致。

Down变量的系数在表6-6五个模型中均在5%水平上显著为正，在表6-7和表6-8中虽符号为正但不显著（接近显著），这一结果与代理理论不相符。根据Jensen和Meckling（1976）的观点，经理层较低的持股水平意味着公司有较严重的代理问题，因此，有效的公司治理机制要求经理层持股比例低的公司应该更可能选择股权激励，以减少代理成本。然而，这一结果似乎支持了经理层权力论，即经理层持股越多，其权力越大，从而更可能促使公司授予自己更多薪酬。此外，Duality 和 Growth 变量的系数在表 6－6、表 6－7 和表 6－8 中均不显著，表明两职兼任和公司成长机会没有像理论预期的那样对公司选择股权激励产生影响。

（二）稳健性分析

表 6－9 是用“地方上市公司数量”和“上市公司经济影响力”类变量替代“政府干预指数”类变量所作的稳健性检验。模型一至四纳入的是“地方上市公司数量”变量，而模型五至七考察的是“上市公司经济影响力”变量的影响。其中，模型一、二、五、六、七是对国有控股样本的回归，模型三和模型四则是对地方政府控股样本的考察。此外，表 6－9 中的所有模型均控制了行业哑变量的影响，但为了节省行文空间，回归结果没有在表中列出。

从模型一和模型二的回归结果来看，“地方上市公司数量”变量的系数在 1%的水平上显著为正。由于“地方上市公司数量”变量越大意味着政府干预程度越弱，因此，这一结果表明，政府干预程度与国有控股公司选择股权激励的动机负相关。模型五至七中“上市公司经济影响力”变量的系数为负，单尾检验显著。由于“上市公司经济影响力”变量越大，表明政府干预程度越强，所以，这一结果同样在一定程度上支持了本章所提假设三。模型三和模型四是对地方政府控股样本的进一步回归检验，结果显示，对地方政府控股公司而言，本章所提假设三仍然成立，即政府干预越强，地方政府控股公司选择股权激励的可能性越小。综合稳健性检验结果，本章所提假设三得到了进一步的验证。

（三）研究结论与总结

根据 2005 年 7 月 1 日至 2008 年 12 月 31 日已公布股权激励计划的公司样本，运用 2008 年的数据，本部分对国资控股、政府干预与股权激励计划的选择之间的关系进行了实证分析。检验结果表明，相对于非国有控股公司，国有控股公司更不倾向于选择股权激励。那么，什么原因致使国有控股公司更不愿意选择股权激励？进一步地分析显示，所处地区的政府干预程度越强，国有控股公司选择股权激励计划的可能性就越小，也就是说，政府干预影响了国有控股公司对股权激励计划的选择，使得股权激励机制的有效性在初始选择环节就受到了一定程度的抑制。

表 6-6　股权激励计划选择的 Logistic 回归结果（全样本，因变量 Option）

变量	预期符号	模型一	模型二	模型三	模型四	模型五
Stateown	−	−1.27645 −5.08 ***				
Indxgvc	+		0.126253 3.39 ***			
Indxgvd	+			0.0676014 0.57		
Indxgv	+				0.2099359 2.06 **	
Indxmr	+					0.1509098 2.40 **
Stateown * Indxgvc	−		−0.1363662 −4.35 ***			
Stateown * Indxgvd	−			−0.0839587 −4.99 ***		
Stateown * Indxgv	−				−0.1331704 −4.93 ***	
Stateown * Indxmr	−					−0.140791 −4.71 ***
Lastown	−	−0.0097942 −1.52	−0.0123584 −1.92 *	−0.0101197 −1.57	−0.0107007 −1.66 *	−0.0113267 −1.76 *
Down	?	2.379833 2.41 **	2.303986 2.32 **	2.368114 2.39 **	2.172063 2.19 **	2.180366 2.19 **

（续表）

变量	预期符号	模型一	模型二	模型三	模型四	模型五
Age	+	−0.0526334 −1.82 *	−0.0588401 −1.99 **	−0.0531641 −1.84 *	−0.0526543 −1.81 *	−0.0557017 −1.91 *
Duality	+	−0.1030457 −0.35	−0.1159069 −0.39	−0.1040213 −0.35	−0.1179663 −0.40	−0.1197433 −0.40
Growth	+	−0.1276955 −1.13	−0.1633881 −1.41+	−0.1306633 −1.15	−0.1372869 −1.20	−0.1467859 −1.27
Debt	?	−1.654636 −2.86 ***	−1.747636 −3.03 ***	−1.663587 −2.87 ***	−1.692584 −2.93 ***	−1.680159 −2.90 ***
Size	?	0.7503146 7.45 ***	0.7385825 7.31 ***	0.7502418 7.40 ***	0.7500142 7.40 ***	0.7408287 7.30 ***
Cons	?	−15.37663 −6.08 ***	−15.74265 −6.18 ***	−16.35401 −5.51 ***	−17.24299 −6.37 ***	−16. 19411 −6. 31 ***
N		1556	1556	1556	1556	1556
LR chi2		135.02 ***	132.22 ***	134.00 ***	137.44 ***	134. 78 ***
Pseudo R2		0.1552	0.1520	0.1540	0.1580	0. 1549

Option：哑变量，上市公司在 2005 年 7 月 1 日至 2008 年 12 月 31 日之间公布股权激励董事会预案的，取值为 1，否则为 0。Stateown：国有控股哑变量，如果上市公司最终控制人是政府有关机构（如国资委、财政部门等）、国有资产经营公司、大专院校及科研机构等，则取值为 1；否则为 0。Indxgvc、Indxgvd、Indxgv、Indxmr：各地区政府干预指数。Lastown：最终控制人对上市公司的现金流权。Down：董事长持股比例。Age：高管层平均年龄。Duality：哑变量，董事长与总经理是否兼职。如果公司董事长和总经理职位由一人兼任，则取值为 1；否则为 0。Growth：营业收入增长率。Debt：负债总额与资产总额之间的比率。Size：期末总资产的自然对数。

注：上行数据为回归系数，下行数据为 Z 值。***　***　* 分别表示在 1%、5%和 10%水平上显著（双尾检验）。另外，由于共线性，indc2 变量在回归时被系统丢失（dropped）从而导致 6 个观测值没有参与回归（6 obs not used），因而系统报告的回归样本实为 1556 个（而不是描述性统计的 1562 个）。

表 6-7 股权激励计划选择的 Logistic 回归结果（国有控股样本，因变量 Option）

变量	预期符号	模型一	模型二	模型三	模型四
Indxgvc	+	0.1101781 1.78 *			
Indxgvd	+		0.3250273 1.47+		
Indxgv	+			0.1560506 0.93	
Indxmr	+				0.1882317 1.69 *
Lastown	−	−0.0279008 −2.48 **	−0.0277382 −2.47 **	−0.0267309 −2.40 **	−0.0276575 −2.47 **
Down	?	41.01826 1.37	43.5557 1.41	44.19852 1.44	39.42582 1.34
Age	+	−0.1633118 −2.45 **	−0.1628495 −2.43 **	−0.1573517 −2.35 **	−0.1701598 −2.53 **
Duality	+	−0.2750637 −0.41	−0.2094365 −0.31	−0.2391359 −0.36	−0.2904448 −0.44
Growth	+	−0.0009066 −0.12	−0.0008844 −0.12	−0.0008681 −0.12	−0.0008889 −0.13
Debt	?	−2.238122 −2.11 **	−2.11236 −2.01 **	−2.218757 −2.11 **	−2.197965 −2.08 **
Size	?	0.8614514 5.05 ***	0.8275766 4.84 ***	0.8637941 5.06 ***	0.8518277 4.98 ***
Cons	?	−12.1363 −3.21 ***	−14.26811 −3.19 ***	−13.12871 −3.32 ***	−10.97654 −2.94 ***
N		748	748	748	748
LR chi2		63.65 ***	62.83 ***	61.34 ***	63.35 ***
Pseudo R2		0.1934	0.1909	0.1864	0.1925

Option：哑变量，上市公司在 2005 年 7 月 1 日至 2008 年 12 月 31 日之间公布股权激励董事会预案的，取值为 1，否则为 0。Indxgvc、Indxgvd、Indxgv、Indxmr：各地区政府干预指数。Lastown：最终控制人对上市公司的现金流权。Down：董事长持股比例。Age：高管层平均年龄。Duality：哑变量，董事长与总经理是否兼职。如果公司董事长和总经理职位由一人兼任，则取值为 1；否则为 0。Growth：营业收入增长率。Debt：负债总额与资产总额之间的比率。Size：期末总资产的自然对数。

注：上行数据为回归系数，下行数据为 Z 值。*** *** * 分别表示在 1%、5%和 10%水平上显著（双尾检验）；+ 表示单尾检验显著。另外，由于共线性，indc1、indc2、indc5、indd、indf 五个变量在回归时被系统丢失（dropped）从而分别导致 27、1、33、59、59（共计 179）个观测值没有参与回归（179 obs not used），因而系统报告的国有控股回归样本实为 748 个（而不是描述性统计的 927 个）。

表 6－8　股权激励计划选择的 Logistic 回归结果（国有控股样本，因变量 Option）

变量	预期符号	模型一	模型二	模型三	模型四	模型五
Localown	－	－0.7726822 －2.05 **				
Indxgvc	＋		0.1591591 2.34 **			
Indxgvd	＋			0.30108 1.38+		
Indxgv	＋				0.2001365 1.18	
Indxmr	＋					0.2322591 2.03 **
Localown * Indxgvc	－		－0.0805021 －1.68 *			
Localown * Indxgvd	－			－0.0465263 －1.84 *		
Localown * Indxgv	－				－0.0816969 －1.99 **	
Localown * Indxmr	－					－0.0855831 －1.90 *
Lastown	－	－0.0280026 －2.49 **	－0.0295113 －2.59 ***	－0.0296349 －2.60 ***	－0.0287535 －2.54 **	－0.0292576 －2.58 ***
Down	?	52.4243 1.68 *	42.7662 1.40	47.66326 1.52	48.01449 1.53	43.41633 1.42

（续表）

变量	预期符号	模型一	模型二	模型三	模型四	模型五
Age	+	−0.1449177 −2.15 **	−0.156768 −2.31 **	−0.1536267 −2.26 **	−0.1501541 −2.21 **	−0.161619 −2.36 **
Duality	+	−0.1609089 −0.24	−0.2380473 −0.36	−0.1559367 −0.23	−0.1864442 −0.28	−0.2302341 −0.34
Growth	+	−0.0008885 −0.12	−0.0009469 −0.13	−0.0009117 −0.13	−0.0009062 −0.13	−0.0009336 −0.14
Debt	?	−2.137555 −2.04 **	−2.16077 −2.04 **	−2.050169 −1.95 *	−2.130254 −2.02 **	−2.085723 −1.96 **
Size	?	0.8378611 4.87 **	0.8228415 4.78 ***	0.8029855 4.65 ***	0.8255525 4.78 ***	0.8157611 4.73 ***
Cons	?	−10.97552 −2.90 **	−10.30906 −2.76 ***	−14.49717 −3.19 ***	−12.3344 −3.11 ***	−11.7036 −3.08 ***
N		748	748	748	748	748
LR chi2		64.55 **	66.43 ***	66.14 ***	65.22 ***	66.90 ***
Pseudo R2		0.1961	0.2018	0.2010	0.1982	0.2033

Option：哑变量，上市公司在 2005 年 7 月 1 日至 2008 年 12 月 31 日之间公布股权激励董事会预案的，取值为 1，否则为 0。Localown：地方政府控股哑变量，如果上市公司最终控制人是地方政府（包括地方政府所属部门或机构，如国资委、财政局等），则取值为 1；否则为 0。Indxgvc、Indxgvd、Indxgv、Indxmr：各地区政府干预指数。Lastown：最终控制人对上市公司的现金流权。Down：董事长持股比例。Age：高管层平均年龄。Duality：哑变量，董事长与总经理是否兼职。如果公司董事长和总经理职位由一人兼任，则取值为 1；否则为 0。Growth：营业收入增长率。Debt：负债总额与资产总额之间的比率。Size：期末总资产的自然对数。

注：上行数据为回归系数，下行数据为 Z 值。*** *** * 分别表示在 1%、5%和 10% 水平上显著（双尾检验）；+ 表示单尾检验显著。另外，由于共线性，indc1、indc2、indc5、indd、indf 五个变量在回归时被系统丢失（dropped）从而分别导致 27、1、33、59、59（共计 179）个观测值没有参与回归（179 obs not used），因而系统报告的国有控股回归样本实为 748 个（而不是描述性统计的 927 个）。

表 6-9　股权激励计划选择的 Logistic 回归结果(稳健性检验,因变量 Option)

变量	预期符号	模型一	模型二	模型三	模型四	模型五	模型六	模型七
Numcity	+	0.0141536 2.63 ***						
Numpro	+		0.0087692 2.74 ***					
Numcity	+			0.0118061 1.48^{+}				
Numpro	+				0.0108145 2.44 **			
Effect1	−					−2.050711 -1.53^{+}		
Effect2	−						−1.881995 -1.53^{+}	
Effect3	−							−1.743885 -1.52^{+}

（续表）

变量	预期符号	模型一	模型二	模型三	模型四	模型五	模型六	模型七
Lastown	－	－0. 0277632	－0. 0286177	－0. 0540447	－0. 0567428	－0. 0265085	－0. 0264809	－0. 0264557
		－2. 45 **	－2. 50 **	－2. 96 ***	－2. 94 ***	－2. 31 **	－2. 31 **	－2. 31 **
Down	?	46. 09403	35. 7838	50. 03524	43. 75637	49. 55274	49. 56988	49. 56915
		1. 48	1. 29	1. 33	1. 20	1. 61	1. 62	1. 62
Age	＋	－0. 1754733	－0. 1591922	－0. 2116661	－0. 1920194	－0. 1555252	－0. 1555399	－0. 1555342
		－2. 60 ***	－2. 37 **	－2. 20 **	－1. 99 **	－2. 29 **	－2. 29 **	－2. 29 **
Duality	＋	－0. 2253535	－0. 3363391	－0. 4856936	－0. 6072479	－0. 0673676	－0. 066519	－0. 0658386
		－0. 33	－0. 49	－0. 54	－0. 66	－0. 10	－0. 10	－0. 10
Growth	＋	－0. 0009637	－0. 0009078	－0. 2608867	－0. 2027803	－0. 0009056	－0. 0009056	－0. 0009055
		－0. 13	－0. 12	－0. 43	－0. 34	－0. 12	－0. 12	－0. 12
Debt	?	－2. 234309	－2. 110339	－3. 026204	－3. 018599	－2. 324721	－2. 325249	－2. 327231
		－2. 11 **	－1. 98 **	－2. 08 **	－2. 03 **	－2. 19 **	－2. 19 **	－2. 19 **
Size	?	0. 86434	0. 8300882	0. 9730309	0. 9483375	0. 9901496	0. 9901599	0. 9899743
		4. 98 ***	4. 85 ***	3. 49 ***	3. 42 ***	5. 24 ***	5. 24 ***	5. 24 ***

（续表）

变量	预期符号	模型一	模型二	模型三	模型四	模型五	模型六	模型七
Cons	?	−11.33864	−11.9194	−10.7205	−11.87279	−14.37508	−14.37549	−14.37192
		−3.02 ***	−3.14 ***	−1.73 *	−1.86 *	−3.54 ***	−3.54 ***	−3.54 ***
N		748	748	448	448	721	721	721
LR chi2		66.89 ***	67.89 ***	50.73 ***	54.66 ***	63.29 ***	63.29 ***	63.28 ***
Pseudo R2		0.2032	0.2063	0.2710	0.2920	0.1976	0.1976	0.1975

Option：哑变量，上市公司在 2005 年 7 月 1 日至 2008 年 12 月 31 日之间公布股权激励董事会预案的，取值为 1，否则为 0。Numcity：地级市（区、州、旗等）行政辖区内上市公司数量；该变量数值越大，代表政府干预越小。Numpro：省（直辖市、自治区）行政辖区内上市公司数量；该变量数值越大，代表政府干预越小。Effect1：本期主营业务收入占所属地级市上年度国内生产总值的比重。该变量数值越大，表示上市公司对当地经济影响力就越大，从而政府干预程度也就越大。Effect2：本期主营业务收入占所属地级市前两年平均国内生产总值的比重。该变量数值越大，表示上市公司对当地经济影响力就越大，从而政府干预程度也就越大。Effect3：本期主营业务收入占所属地级市前三年平均国内生产总值的比重。该变量数值越大，表示上市公司对当地经济影响力就越大，从而政府干预程度也就越大。Lastown：最终控制人对上市公司的现金流权。Down：董事长持股比例。Age：高管层平均年龄。Duality：哑变量，董事长与总经理是否兼职。如果公司董事长和总经理职位由一人兼任，则取值为 1；否则为 0。Growth：营业收入增长率。Debt：负债总额与资产总额之间的比率。Size：期末总资产的自然对数。

注：上行数据为回归系数，下行数据为 Z 值。***　***　* 分别表示在 1%、5%和 10%水平上显著（双尾检验）；+ 表示单尾检验显著。另外，需说明的是：由于共线性，indc1、indc2、indc5、indd、indf 五个变量在回归时被系统丢失（dropped）从而分别导致 27、1、33、59、59（共计 179）个观测值没有参与回归（179 obs not used），因而系统报告的国有控股回归样本实为 748 个（而不是描述性统计的 927 个）。同样的原因，indb、indc1、indc2、indc5、indc9、indd、inde、indf、indk 九个变量的丢失，分别导致 17、21、1、20、5、37、13、39、26（共计 179）个观测值没有参与模型三和四的回归，因而报告的地方政府控股回归样本实为 448 个（而不是描述性统计的 627 个）。模型五至七的样本数是 721 而不是 748，是由于部分地级市（区、州等）缺少 GDP 数据所致。

二、国资控股、政府干预与股权激励强度

本部分以 2005 年 1 月 1 日至 2008 年 12 月 31 日已公布股权激励计划的公司为研究样本[①]，旨在考察国资控股、政府干预与股权激励强度之间的关系。

（一）多元回归结果与分析

表 6－10 和表 6－12 列示的是国资控股、政府干预与股权激励强度的 OLS 多元回归结果。其中，表 6－10 是全样本的回归结果，表 6－12 是对国有控股样本的回归结果。表 6－10 和表 6－12 中的所有模型均控制了行业哑变量的影响，但为了节省行文空间，回归结果没有在表中列出。另外，表 6－10 和表 6－12 中变量的方差膨胀因子（VIF）值均不超过 3（为了节约行文空间未报告结果），所以，表 6－10 和表 6－12 中所有模型不存在严重的共线性问题。

为了避免共线性问题，“政府控股”变量、“政府干预指数”变量以及二者交互项被分别纳入表 6－10 中的模型一至九。模型一的结果表明，“国有控股”变量（Stateown）的系数在 1%的水平上显著为负，这说明，相对于非政府控股的公司，国有控股公司授予的股权激励份额显著较少。因此，本章所提假设二得以验证。

表 6－10 中模型二至五的结果显示，四个“政府干预指数”变量的系数均显著为正，其中模型三的结果显著性水平达 1%。由于政府干预指数越大代表政府干预程度越小，因此，这一结果说明，所处地区的政府干预程度越强，公司授予高管层的股权激励份额越少，即公司所处地区政府干预程度与股权激励强度呈负相关关系。表 6－10 中模型六至九的结果表明，“政府干预指数”变量的系数均显著为正，同时，“政府干预指数”变量与“国有控股”变量之间交互项的系数均在 1%水平上显著为负，这说明，公司授予高管层的股权激励份额，随着其所处地区的政府干预程度的增强而减少，而这种情况在国有控股的公司中表现得更为突出，即所处地区政府干预程度越强，国有控股公司授予的股权激励份额就越少。

---

① 如前所述，截止 2008 年 12 月 31 日，有 125 家公司公布了股权激励计划，但其中有 9 家没有公布激励总数占当时总股本比例，这导致因变量 Ratio 缺失 9 个观测值，因此，本部分股权激励强度检验模型的样本数实为 116 个。

国有控股样本的进一步回归分析结果列示于表 6－12。模型二至四中“政府干预指数”变量的系数均显著为正，模型一中“政府干预指数”变量的系数符号为正，单尾检验显著。综合回归结果可以看到，对于国有控股公司，所处地区政府干预程度越严重，其授予高管人员的股权激励份额就越少。

结合表 6－10 和表 6－12 的回归结果，我们可以得出，与非国有控股公司相比，国有控股公司的股权激励强度较小。进一步分析可以发现，其原因在于：国有控股公司承受了更多的政府干预，其所处地区政府干预程度越大，国有控股公司授予的股权激励份额就越少。本章所提假设二和假设四得以印证。

从其他控制变量的回归结果来看，表 6－10 中 Lastown 变量的系数均在 1%水平上显著为负，表明，最终控制人所有权份额越大，公司授予的股权激励份额就越少；表 6－12 中 Lastown 变量的系数也均在 1%水平上显著为负，显示，国有股权比重越高，国有控股公司授予高管层的股权激励份额就越少，这与理论预期相符，即集中的所有权结构能够强化对经理层的监督从而是给与经理层激励的一种替代，并与 Mehran (1995)、Ryan 和 Wiggins (2001)、Ittner 等 (2003) 等人的经验证据一致。同时，这一结果进一步验证了上述假设二和假设四，就是说，国有股权比重越高，意味着政府对公司的控制力就越强，从而对公司的干预就会越严重，因而，国有控股公司授予的股权激励强度就越弱。

在表 6－12 中，Growth 变量的系数在模型二至模型四中均显著为正，在模型一中系数符号为正但不显著（单尾检验显著）。这一结果表明，对于国有控股公司，增长机会越大，经理层被授予的股权激励份额就越多。这验证了国外有关投资决策研究结论（Holmstriim 和 Costa，1986；Smith 和 Watts，1992；Bizjak，Brickley 和 Coles，1993），即经理层拥有关于公司增长机会的私人信息，随着这种信息不对称的加剧，董事会越来越难以评估经理层投资决策的正确性。因此，有较高增长机会的公司应该授予经理层更多的股权激励，用这些市场基础的薪酬机制取代基于直接监督的工资奖金规定。

表 6－12 中模型二和三的回归结果显示，Debt 变量的系数显著为正，模型一和四中 Debt 变量的系数符号为正但不显著；表 6－10 中的 Debt 变量也有类似的回归结果。这一结果与表 6－6、6—7 和 6—8 的结果不同，与负债的代理成本假设也不相一致。这意味着影响股权激励计

划选择的因素和股权激励强度的影响因素不完全相同。

（二）稳健性分析

1. 对“政府干预”解释变量的稳健性检验

表 6－13 是基于国有控股样本，用“地方上市公司数量”和“上市公司经济影响力”变量作为政府干预程度的替代变量，对假设四所作的进一步检验。表 6－13 中的所有模型均控制了行业哑变量的影响，但为了节省行文空间，回归结果没有在表中列出。此外，表 6－13 中变量的方差膨胀因子（VIF）值均不超过 3（为了节约行文空间未报告结果），所以，表 6－13 中所有模型不存在严重的共线性问题。

模型一和模型二的结果表明，“地方上市公司数量”变量的系数显著为正，其中，模型一的显著性水平达 1%。由于“地方上市公司数量”变量越大代表政府干预程度越低，这一结果表明，政府干预程度与公司授予的股权激励份额呈负相关关系。模型三至五的结果显示，“上市公司经济影响力”变量的系数均在 5%的水平上显著为负。由于“上市公司经济影响力”变量越大代表政府干预程度越强，因此，回归结果支持了假设四，即政府干预程度越强，经理层被授予的股权激励的份额就越少。此外，Lastown、Growth、Debt 等变量的回归结果也与表 6－12 和表 6－10 中的结果基本一致。综上，表 6－13 稳健性检验的结果进一步支持了表 6－12 和表 6－10 的结果，假设四得以进一步的验证。

2. 对“股权激励强度”因变量的稳健性检验

根据第三章对股权激励现状的考察，已公布或实施股权激励计划的公司所采取的具体激励方式包括股票期权、限制性股票和股票增值权三种，而其中采用股票期权方式的最多。在本部分 116 个研究样本中，有 97 家公司采用的是股票期权激励方式，占总样本的 83.62%；采用限制性股票方式的有 18 家，占总样本的 15.52%；另有 1 家公司采用股票增值权方式。本部分用“激励总数占当时总股本比例”作为股权激励强度模型的因变量，以考察上市公司股权激励的强度。然而，由于三种激励方式内含的风险可能有所不同，从而，用“激励总数占当时总股本比例”度量的股权激励强度可能会因为具体激励方式不同而产生偏差。尽管限制性股票和股票增值权所占比例比较小，但为了使本部分研究结论更加稳健，有必要在剔除限制性股票和股票增值权两种方式的基础上，对假设二和假设四作进一步的检验。

表 6-11 列示的即为仅以股票期权方式为样本所作的稳健性检验的结果。与前面相同，表 6-11 中所有模型均控制了行业哑变量的影响，但为了节省行文空间，回归结果没有在表中列出。另外，表 6-11 中变量的方差膨胀因子（VIF）值均不超过 3（为了节约行文空间未报告结果），所以，表 6-11 中所有模型不存在严重的共线性问题。

表 6-11 中模型一至五的结果表明，“国有控股”变量（Stateown）的系数均在 1%的水平上显著为负，这说明，相对于非国有控股的公司，国有控股公司授予的股权激励份额显著较少。因此，本章所提假设二得以进一步验证。模型三至五的结果显示，三个“政府干预指数”变量的系数均显著为正，模型二中“政府干预指数”变量的系数为正但显著性水平稍低。由于政府干预指数越大代表政府干预程度越小，因此，这一结果说明，所处地区的政府干预程度越强，公司授予高管层的股权激励份额越少，即公司所处地区政府干预程度与股权激励强度呈负相关关系。表 6-11 中模型六至九的结果表明，“政府干预指数”变量的系数均显著为正，同时，“政府干预指数”变量与“国有控股”变量之间交互项的系数均在 1%水平上显著为负，这说明，公司授予高管层的股权激励份额，随着其所处地区的政府干预程度的增强而减少，而这种情况在国有控股的公司中表现得更为突出，即所处地区政府干预程度越强，国有控股公司授予的股权激励份额就越少。此外，其他控制变量的回归结果也与表 6-12 和表 6-10 中的结果基本一致。综上，表 6-11 稳健性检验的结果进一步支持了表 6-12 和表 6-10 的结果，假设二和假设四得以进一步的印证。

（三）研究结论与总结

本部分以 2005 年 7 月 1 日至 2008 年 12 月 31 日已公布股权激励计划的公司为研究样本，实证分析了国资控股、政府干预与股权激励强度之间的关系。研究结果表明，相对于非国有控股的公司，国有控股公司授予的股权激励份额较少，激励强度较弱。公司授予高管层的股权激励份额，随着其所处地区的政府干预程度的增强而减少，而这种情况在国有控股的公司中表现得更为突出，即所处地区政府干预程度越强，国有控股公司授予的股权激励份额就越少。也就说，政府干预不仅削弱了国有控股公司选择股权激励的意愿，而且抑制了国有控股公司实施股权激励的强度。

表 6－10 股权激励强度的 OLS 回归结果(全样本,因变量 Ratio)

变量	预期符号	模型一	模型二	模型三	模型四	模型五	模型六	模型七	模型八	模型九
Stateown	－	－2.413231 －4.03 ***	－2.507201 －4.22 ***	－2.65017 －4.58 ***	－2.463929 －4.18 ***	－2.503393 －4.24 ***				
Indxgvc	＋		0.1558675 1.72 *				0.2588653 2.63 ***			
Indxgvd	＋			0.7830013 2.95 ***				0.8627939 3.23 ***		
Indxgv	＋				0.5001117 1.95 *				0.6019985 2.32 **	
Indxmr	＋					0.302231 1.91 *				0.3814673 2.36 **
Stateown * Indxgvc	－						－0.2692842 －3.88 ***			
Stateown * Indxgvd	－							－0.1804942 －4.71 ***		

（续表）

变量	预期符号	模型一	模型二	模型三	模型四	模型五	模型六	模型七	模型八	模型九
Stateown * Indxgv	−								−0.2559808 −4.15 ***	
Stateown * Indxmr	−									−0.2753087 −4.11 ***
Lastown	−	−0.0486274 −3.31 ***	−0.0521446 −3.56 ***	−0.0551582 −3.87 ***	−0.0529522 −3.62 ***	−0.0536179 −3.65 ***	−0.0549014 −3.69 ***	−0.0560025 −3.95 ***	−0.0541752 −3.70 ***	−0.0560768 −3.79 ***
Down	?	−0.2552976 −0.11	−1.13046 −0.47	−1.612702 −0.69	−1.01516 −0.43	−0.7375236 −0.31	−1.479991 −0.60	−1.707227 −0.74	−1.103292 −0.46	−0.8021206 −0.34
Duality	+	0.6901575 0.93	0.7126953 0.97	0.8514838 1.20	0.7039249 0.97	0.6877044 0.94	0.8609407 1.16	0.8645901 1.22	0.7244022 0.99	0.7276224 0.99
Age	+	−0.054203 −0.56	−0.0489435 −0.51	−0.055819 −0.60	−0.0363587 −0.38	−0.0422147 −0.44	−0.0776732 −0.82	−0.0554092 −0.60	−0.0405115 −0.43	−0.0590382 −0.62
Debt	?	2.954816 1.74 *	2.74649 1.63	2.21099 1.34	2.602404 1.55	2.849511 1.70 *	3.011792 1.76 *	2.1616 1.32	2.661375 1.58	3.01185 1.79 *

（续表）

变量	预期符号	模型一	模型二	模型三	模型四	模型五	模型六	模型七	模型八	模型九
Growth	+	0.2664184	0.4527906	0.2071735	0.4580065	0.5733592	0.4648476	0.210315	0.4583832	0.5019727
		0.45	0.76	0.37	0.78	0.95	0.77	0.37	0.78	0.83
Size	?	−0.2700926	−0.2945169	−0.220341	−0.2709769	−0.309386	−0.3534213	−0.2110064	−0.2793641	−0.3289131
		−0.99	−1.09	−0.84	−1.01	−1.15	−1.29+	−0.81	−1.04	−1.21
Cons	?	11.90906	11.7639	1.073708	7.145343	10.08026	13.70677	−0.2350664	6.607744	10.63168
		1.51	1.51	0.13	0.88	1.29	1.76 *	−0.03	0.81	1.36
N		116	116	116	116	116	116	116	116	116
F		3.34 ***	3.40 ***	3.81 ***	3.46 ***	3.45 ***	3.23 ***	3.89 ***	3.44 ***	3.39 ***
Adj R−sq		0.3630	0.3769	0.4147	0.3828	0.3819	0.3597	0.4215	0.3813	0.3757

Ratio：激励总数占当时总股本比例，用来度量股权激励强度。Stateown：国有控股哑变量，如果上市公司最终控制人是政府有关机构（如国资委、财政部门等）、国有资产经营公司、大专院校及科研机构等，则取值为1；否则为0。Indxgvc、Indxgvd、Indxgv、Indxmr：各地区政府干预指数。Lastown：最终控制人对上市公司的现金流权。Down：董事长持股比例。Age：高管层平均年龄。Duality：哑变量，董事长与总经理是否兼职。如果公司董事长和总经理职位由一人兼任，则取值为1；否则为0。Growth：营业收入增长率。Debt：负债总额与资产总额之间的比率。Size：期末总资产的自然对数。

注：上行数据为回归系数，下行数据为T值。***　***　*　分别表示在1%、5%和10%水平上显著（双尾检验）。

表 6-11　股权激励强度的 OLS 回归结果(稳健性检验,全样本,因变量 Ratio)

变量	预期符号	模型一	模型二	模型三	模型四	模型五	模型六	模型七	模型八	模型九
Stateown	−	−2.886005	−3.110689	−3.108357	−3.056077	−3.116884				
		−4.31 ***	−4.59 ***	−4.80 ***	−4.60 ***	−4.69 ***				
Indxgvc	+		0.1704449				0.2855636			
			1.56^{+}				2.50 ***			
Indxgvd	+			0.7288793				0.8275812		
				2.62 **				2.98 ***		
Indxgv	+				0.5427496				0.6634226	
					1.87 *				2.28 **	
Indxmr	+					0.3588981				0.4539834
						2.03 **				2.54 **
Stateown * Indxgvc	−						−0.3999798			
							−4.95 ***			
Stateown * Indxgvd	−							−0.2159835		
								−5.03 ***		
Stateown * Indxgv	−								−0.3361197	
									−4.81 ***	

（续表）

变量	预期符号	模型一	模型二	模型三	模型四	模型五	模型六	模型七	模型八	模型九
Stateown * Indxmr	−									−0.3744595
										−4.95 ***
Lastown	−	−0.053334	−0.058706	−0.0597935	−0.0593909	−0.0605614	−0.0602946	−0.0609113	−0.0606323	−0.0639767
		−3.47 ***	−3.76 ***	−4.00 ***	−3.85 ***	−3.92 ***	−3.93 ***	−4.12 ***	−3.97 ***	−4.18 ***
Down	?	−1.277085	−2.523595	−2.974151	−2.3225	−2.175775	−2.873544	−3.160691	−2.480769	−2.268249
		−0.52	−0.98	−1.21	−0.93	−0.89	−1.14	−1.30	−1.01	−0.94
Duality	+	0.9723848	0.9875213	1.277922	0.9773611	0.8963851	1.103927	1.304343	0.9779037	0.9190781
		1.19	1.22	1.61	1.22	1.12	1.40	1.67 *	1.23	1.17
Age	+	−0.0668386	−0.0526483	−0.0777268	−0.036388	−0.0433128	−0.0651659	−0.0767285	−0.034965	−0.0521089
		−0.67	−0.53	−0.82	−0.37	−0.44	−0.68	−0.82	−0.36	−0.55
Debt	?	3.929552	3.380282	2.801052	3.242418	3.398536	4.228319	2.684903	3.379174	3.784146
		2.07 **	1.77 *	1.50	1.71 *	1.81 *	2.27 **	1.45	1.80 *	2.05 **
Growth	+	0.157434	0.4139954	0.0702173	0.403348	0.6020993	0.4898101	0.0879598	0.4300366	0.5362257
		0.26	0.66	0.12	0.66	0.95	0.80	0.15	0.71	0.86
Size	?	−0.3510106	−0.3529839	−0.2514201	−0.3177508	−0.3764054	−0.4187804	−0.2313639	−0.3221096	−0.3960038
		−1.14	−1.16	−0.85	−1.05	−1.25	−1.41	−0.79	−1.08	−1.34

（续表）

变量	预期符号	模型一	模型二	模型三	模型四	模型五	模型六	模型七	模型八	模型九
Cons	?	14.3149	13.36945	3.73562	8.010664	11.42254	14.41903	1.947713	6.957654	11.43373
		1.73 *	1.63	0.42	0.91	1.39	1.81 *	0.22	0.80	1.42
N		97	97	97	97	97	97	97	97	97
F		3.61 ***	3.65 ***	4.03 ***	3.74 ***	3.79 ***	3.88 ***	4.18 ***	3.87 ***	3.96 ***
Adj R-sq		0.4325	0.4442	0.4776	0.4526	0.4573	0.4650	0.4903	0.4646	0.4723

Ratio：激励总数占当时总股本比例（仅以股票期权方式为样本），用来度量股权激励强度。Stateown：国有控股哑变量，如果上市公司最终控制人是政府有关机构（如国资委、财政部门等）、国有资产经营公司、大专院校及科研机构等，则取值为 1；否则为 0。Indxgvc、Indxgvd、Indxgv、Indxmr：各地区政府干预指数。Lastown：最终控制人对上市公司的现金流权。Down：董事长持股比例。Age：高管层平均年龄。Duality：哑变量，董事长与总经理是否兼职。如果公司董事长和总经理职位由一人兼任，则取值为 1；否则为 0。Growth：营业收入增长率。Debt：负债总额与资产总额之间的比率。Size：期末总资产的自然对数。

注：上行数据为回归系数，下行数据为 T 值。*** *** * 分别表示在 1%、5%和 10%水平上显著（双尾检验）；+表示单尾检验显著。

表 6－12 股权激励强度的 OLS 回归结果（国有控股样本，因变量 Ratio）

变量	预期符号	模型一	模型二	模型三	模型四
Indxgvc	＋	0.2019527 1.48+			
Indxgvd	＋		1.643835 2.16 **		
Indxgv	＋			0.7397205 1.98 *	
Indxmr	＋				0.6304118 1.92 *
Lastown	－	－0.101432 －3.87 ***	－0.1291957 －4.83 ***	－0.1041338 －4.20 ***	－0.1040293 －4.17 ***
Down	?	2.157597 0.20	－19.93847 －1.29	－.1150455 －0.01	－4.13227 －0.36
Duality	＋	0.7560888 0.48	－0.1018943 －0.07	0.8786854 0.59	0.8873165 0.59
Age	＋	0.1442505 0.88	0.172261 1.13	0.1665313 1.07	0.2217814 1.33
Debt	?	6.187635 1.68	8.899136 2.45 **	6.455338 1.85 *	5.973557 1.70
Growth	＋	1.211732 1.63	1.875017 2.36 **	1.398988 1.94 *	1.690865 2.15 **
Size	?	－0.3247074 －0.82	－0.5975613 －1.55	－0.3359937 －0.90	－0.4054871 －1.07
Cons	?	5.879097 0.52	－14.81788 －1.09	－0.3012222 －0.03	4.544825 0.43
N		38	38	38	38
F		3.54 ***	4.18 ***	3.99 ***	3.93 ***
Adj R－sq		0.6124	0.6640	0.6503	0.6454

Ratio：激励总数占当时总股本比例，用来度量股权激励强度。Indxgvc、Indxgvd、Indxgv、Indxmr：各地区政府干预指数。Lastown：最终控制人对上市公司的现金流权。Down：董事长持股比例。Age：高管层平均年龄。Duality：哑变量，董事长与总经理是否兼职。如果公司董事长和总经理职位由一人兼任，则取值为 1；否则为 0。Growth：营业收入增长率。Debt：负债总额与资产总额之间的比率。Size：期末总资产的自然对数。

注：上行数据为回归系数，下行数据为 T 值。***　***　* 分别表示在 1%、5%和 10%水平上显著（双尾检验）；+ 表示单尾检验显著。

表 6-13　股权激励强度的 OLS 回归结果
（稳健性检验，国有控股样本，因变量 Ratio）

变量	预期符号	模型一	模型二	模型三	模型四	模型五
Numcity	+	0.0349928 3.44 ***				
Numpro	+		0.0147864 2.07 *			
Effect1	−			−10.66075 −2.81 **		
Effect2	−				−9.712842 −2.80 **	
Effect3	−					−8.955191 −2.79 **
Lastown	−	−0.0948667 −4.54 ***	−0.1048157 −4.27 ***	−0.102469 −4.54 ***	−0.102322 −4.53 ***	−0.1022549 −4.52 ***
Down	?	0.9474926 0.11	−2.113036 −0.20	15.7532 1.69	15.76288 1.69	15.73731 1.68
Duality	+	0.3934297 0.32	1.059142 0.71	−1.863729 −1.26	−1.863887 −1.26	−1.858809 −1.26
Age	+	0.004192 0.03	0.2133152 1.33	−0.0977113 −0.67	−0.098176 −0.67	−0.0984001 −0.67

（续表）

变量	预期符号	模型一	模型二	模型三	模型四	模型五
Debt	?	6.031627 2.07 *	5.617853 1.62	10.97499 3.19 ***	10.96993 3.18 ***	10.95818 3.17 ***
Growth	+	0.9903266 1.73	1.361388 1.93 *	0.9945908 1.64	0.9800741 1.62	0.9758484 1.61
Size	?	−0.44521 −1.42	−0.3250594 −0.87	−0.033936 −0.10	−0.038375 −0.11	−0.0409294 −0.12
Cons	?	16.63073 1.88 *	2.985426 0.27	13.39415 1.59	13.50475 1.60	13.56982 1.60
N		38	38	37	37	37
F		6.02 ***	4.08 ***	5.25 ***	5.23 ***	5.22 ***
Adj R−sq		0.7572	0.6570	0.7309	0.7300	0.7293

Ratio：激励总数占当时总股本比例，用来度量股权激励强度。Numcity：地级市（区、州、旗等）行政辖区内上市公司数量；该变量数值越大，代表政府干预越小。Numpro：省（直辖市、自治区）行政辖区内上市公司数量；该变量数值越大，代表政府干预越小。Effect1：本期主营业务收入占所属地级市上年度国内生产总值的比重。该变量数值越大，表示上市公司对当地经济影响力就越大，从而政府干预程度也就越大。Effect2：本期主营业务收入占所属地级市前两年平均国内生产总值的比重。该变量数值越大，表示上市公司对当地经济影响力就越大，从而政府干预程度也就越大。Effect3：本期主营业务收入占所属地级市前三年平均国内生产总值的比重。该变量数值越大，表示上市公司对当地经济影响力就越大，从而政府干预程度也就越大。Lastown：最终控制人对上市公司的现金流权。Down：董事长持股比例。Age：高管层平均年龄。Duality：哑变量，董事长与总经理是否兼职。如果公司董事长和总经理职位由一人兼任，则取值为1；否则为0。Growth：营业收入增长率。Debt：负债总额与资产总额之间的比率。Size：期末总资产的自然对数。

注：上行数据为回归系数，下行数据为T值。***　***　* 分别表示在1%、5%和10%水平上显著（双尾检验）。另外，模型三至五的的样本数是37而不是38，是由于部分地级市（区、州等）缺少GDP数据所致。

第七章　国资控股、政府干预与股权激励的价值效应

——基于2005—2008年上市公司数据的实证分析

第一节　研究假说和研究设计

一、研究假说

根据股权激励效应的最优契约论（Jensen和Meckling，1976；Mirrlees，1976；Holmstrom，1979；Lazear和Rosen，1981；Grossman和Hart，1983；Murphy，1986；等等），股权激励是解决代理问题的主要手段。设计科学而合理的股权激励契约，能够有效地激励管理层努力最大化股东价值。在最优契约论的框架下，西方有大量实证研究验证了股权激励的价值效应（Jensen和Murphy，1990；Main，1991；Stulz，1988；Kaplan，1989；Smith，1990；Haubrich，1994；Mehran，1995；Zhou和Swan，2003；Joscow，Rose和Shepard，1993；Hall和Liebman，1998；等等）。在我国也有一系列的经验证据表明管理层股权激励与企业业绩正相关（林浚清等，2003；张俊瑞，2003；张小宁，2002；刘斌等，2003；宋德舜，2004；杜胜利和翟艳玲，2005；胡阳等，2006；赖普清，2007；唐清泉等，2008；等等）。相对于以往基于产权改革而形成的管理层持股制度，2006年《上市公司股权激励管理办法》和《国有控股上市公司（境内）实施股权激励试行办法》两个文件出台后公布实施的股权激励，是真正意义上的规范的股权激励制度，并且其推行有着相对有利和配套的制度环境基础。首先，2005年《公司法》与《证券法》的修订，扫清了旧有法律、法规在实施股权激励的股票来源和流通方面的障碍。再者，股权分置改革消除了股权的定价分置，使得控股股东（非流通股股东）和中小股东（流通股股东）的利益有了共同的基础，公司股价能够反映包括控股股东在内的所

有股东的目标，同时，全流通也使得经理层努力程度更可能通过公司股价得以反映，并可以被股东低成本的观测到。因此，股份全流通为上市公司实施股权激励创造了条件。据此，本文预期这次实施股权激励应该能够发挥一定的激励效应，实施股权激励的公司（不论是国资控股还是非国资控股公司）应该有更高的市场业绩。

根据第五章关于政府干预对股权激励有效性影响的分析可以知道，基于不完全经济性动因的政府干预不仅对公司选择股权激励计划产生消极影响，而且会对股权激励计划的实施效果产生负面影响。首先，政府干预会弱化代理人努力程度与公司利润和公司股价之间的关系，委托人在利用公司股价的波动来推断代理人努力程度时，需要排除更多的外生因素的干扰，或者说，资本市场通过公司股票价格的波动向委托人传递关于代理人努力程度的新信息的能力受到削弱。对于实施股权激励的公司，由于错误奖惩的可能性增大，代理人将承担较大的风险（假定代理人是风险规避的），从而代理成本难以降低。其次，从 Leland 和 Pyle 的股权激励机制来看，政府干预会使得公司的收益变得更加不确定，即使是内部人，也难以把握公司收益的分布，或者说，由于政府干预的存在，公司内部人对公司平均收益的了解也不比外部投资者更多。因此，内部人缺乏通过实施股权激励来进行信号传递的激励，从而逆向选择问题难以得到解决，代理成本难以降低。因此，本文预期政府干预将会弱化股权激励的激励效果。同时，由于国有控股公司与政府之间存在天然的“政治联系”，政府干预对国有控股公司股权激励的实施效果将会产生更为严重的消极影响。综上，本章提出假设：

假设一，相对于没有实施股权激励的公司，实施股权激励的公司（不论是国资控股还是非国资控股公司）有更高的市场业绩；政府干预将会弱化这种股权激励的价值效应。

假设二，对于国有控股公司，实施股权激励的公司比没有实施股权激励的公司有更高的市场业绩；政府干预将会弱化这种股权激励的价值效应。

二、研究设计

（一）样本选择与数据来源

本章实证检验以截止 2008 年 12 月 31 日沪深 A 股已公布股权激励方案的上市公司为样本。数据来源与第六章的相同，其中，公布股权激励方案的公司、方案进度、激励方式及相关公告日期等数据来自于WIND数据库。上市公司最终控制人类型根据上市公司年度报告中“股本变动及股东情况”进行逐一整理，并与CCER数据库中的上市公司最终控制人信息进行了比对。所使用的地区政府干预指数来自樊纲、王小鲁和朱恒鹏（2006）编制的中国各地区市场化相对进程的子数据——“减轻企业的税外负担”基础指标[①]。TobinQ等财务指标以及本章使用的行业类型等其他数据均来自CCER数据库。

与第六章一样，本章使用Stata8.0计量分析软件进行数据处理。

（二）检验模型与变量设定

为了检验假设，本章建立以下基本检验模型：

$$TobinQ = \delta_0 + \delta_1 Implmnt + \delta_2 Indxgvd + \delta_3 Implmnt * Indxgvd + \delta_4 Stateown + \delta_5 MBR + \delta_6 Size + \delta_7 ROA + \delta_8 Indu + \varepsilon$$

各变量定义如下：

1. 因变量

TobinQ：托宾Q值，公司市场价格/公司重置成本 =（年末流通市值+非流通股份占净资产的金额+长期负债合计+短期负债合计）/年末总资产。托宾的Q值是经济学家托宾提出的一个衡量公司绩效的参数，根据Lang和Litzenberger（1989），托宾Q被定义为公司市场价值与资产重置成本的比率，即Qit=（V/K）it，公司的市场价值可用公司股票的市值与公司发行的债券市值来计算。在国内的诸多研究（孙永祥等，1999；苏启林、朱文，2003；汪辉，2003；夏立军等，2005；李新春等，2008；吴文锋等，2008；贺小刚和连燕玲，2009）中，资产重置成本采用账面价值替代，公司市场价值等于流通股价值、非流通股价值和债务价值之和。国外文献大多选择托宾Q作为企业绩效指标，而国内文献所选取绩效指标主要有两类：财务指标（会计指标）和企业市场价值。财务指标主要有资产回报率（ROA）、净资产收益率（ROE）、销售利润率（ROS）和主营业务收益率等，衡量企业市场价值的则主要是托宾Q。本章采用托宾Q来衡量公司的市场业绩。

MBR：市净率，是每股市价与每股净资产的比值。国外经济学者大多采用托宾Q值或市净率来衡量公司价值。国内许多研究也以托宾Q

① 具体数据请参见第六章表6-1中的“减轻企业的税外负担”。

值来度量公司市场业绩，但当没有足够的数据信息来计算公司总资产的重置成本时，市净率往往被用来作为对公司价值的衡量（朱武祥和宋勇，2001）。本章采用市净率指标（MBR）替代托宾 Q 作为对公司市场业绩的度量进行稳健性检验。其中股票市值采用公司股份总数乘以公司年末每股市价，股权账面值为该年末公司股东权益账面值。

2. 解释和控制变量

Implmnt：哑变量，上市公司已实施其股权激励计划的，取值为 1；否则为 0。

Indxgvd：各地区政府干预程度。该变量数值越大，代表政府干预程度越弱。数据来自于樊纲、王小鲁和朱恒鹏（2006）报告的 2005 年度中国各地区市场化相对进程子数据——“减轻企业的税外负担”指标。

Stateown：哑变量，如果上市公司最终控制人是政府有关机构（如国资委、财政部门等）、国有资产经营公司、大专院校及科研机构等，则取值为 1；否则为 0。

Herf：赫芬达尔指数，公司前五名大股东持股比例的平方和，表示公司大股东持股的集中度和公司前五名大股东持股的分散程度。集中的股权结构对公司治理进而公司价值的影响，有两者不同的效应，即“激励效应”和“侵占效应”。一方面，股权的集中在一定程度上能够强化对经营者的监督从而有利于公司的经营激励，进而增加公司价值（孙永祥等，1999）；另一方面，在相关治理机制不健全的情况下，股权的集中往往会导致控股股东侵害中小股东利益，而中小股东对这种侵害的预期最终会损害公司价值。因此，该变量的预期符号既可能是正也可能为负。

Size：公司期末总资产的自然对数，用来控制公司规模对公司价值的影响。根据 Morck (1988)，公司的规模会影响公司价值。

ROA：资产收益率，即公司当年的净利润与平均资产总额的比率。用来控制盈利能力对公司价值的影响，通常，盈利能力越高，公司价值也就越大。

Indu：行业哑变量。按证监会的分类标准（除制造业按次大类划分，其他以大类为准），共有 22 个行业。剔除金融行业，最后设置 20 个行业哑变量。用来控制行业因素对公司市场业绩的影响。

表 7－1　变量定义

因变量	
TobinQ	托宾 Q，公司市场价格/公司重置成本 =（年末流通市值＋非流通股份占净资产的金额＋长期负债合计＋短期负债合计）/年末总资产。
MBR	市净率，每股市价与每股净资产的比值。
解释和控制变量	
Implmnt	哑变量，上市公司已实施其股权激励计划的，取值为 1；否则为 0。
Indxgvd	各地区政府干预程度。该变量数值越大，代表政府干预程度越弱。数据来自于樊纲、王小鲁和朱恒鹏（2006）报告的 2005 年度中国各地区市场化相对进程子数据——"减轻企业的税外负担"指标。
Stateown	哑变量，如果上市公司最终控制人是政府有关机构（如国资委、财政部门等）、国有资产经营公司、大专院校及科研机构等，则取值为 1；否则为 0。
Herf	赫芬达尔指数，即公司前五名大股东持股比例的平方和，表示公司大股东持股的集中度和公司前五名大股东持股的分散程度。
Size	公司规模，为公司期末总资产的自然对数。
ROA	资产收益率，=（净利润 / 平均资产总额）* 100%，平均资产总额 =（期初资产总额 + 期末资产总额）/ 2。
Indu	行业哑变量，按证监会的分类标准（除制造业按次大类划分，其他以大类为准），共有 22 个行业。剔除金融行业，最后设置 20 个行业哑变量。

（三）变量描述性统计

表 7－2、表 7－3 和表 7－4 分别给出了变量描述性统计结果和有关变量的 Pearson 相关分析结果。从表 7－2 关于 Implmnt 变量的描述性统计结果可知，在 116 家公布股权激励方案的公司中，有 33 家公司实施了计划，占总样本的 28.45%，其中，38 家公布股权激励方案的国有控股公司中，有 26.32%的公司实施了计划；而非国有控股公司的实施比

例为 29.49%。总体上看，国有控股公司的实施比率略低于非国有控股公司[①]。从表 7-3 中有关连续型变量的描述性统计可以看出：在总样本中，TobinQ 的均值是 1.490879，标准差是 0.7951615，最小值为 0.7035，最大值为 6.9084。可见，样本公司的市场业绩的离散程度较大。基于国有样本的统计也有相似的结果。从 Indxgvd 统计结果可以得知，政府干预指数最小值是 12.09，最大值为 15.95，可见，各地区政府对辖区内企业的干预程度差异明显。

表 7-2　虚拟变量的描述性统计

Variable	Stateown	N	取值 1 的数量	占总样本比重（%）
Implmnt	All	116	33	28.45
	0	78	23	29.49
	1	38	10	26.32
Stateown		116	38	32.76

注：各变量的定义见表 7-1 。

表 7-3　连续型变量的描述性统计

Variable	N	Mean	Std. Dev	Median	Min	Max
TobinQ	116	1.490879	0.7951615	1.2918	0.7035	6.9084
	38	1.486416	1.043888	1.2169	0.7035	6.9084
MBR	116	2.689808	1.676699	2.2772	0.8136	11.9935
	38	2.625205	2.101466	2.0758	0.8136	11.9935
Indxgvd	116	14.96552	0.9176115	14.8	12.09	15.95
	38	15.12368	1.045149	15.8	12.09	15.95
Herf	116	0.1497836	0.1143683	0.1231899	0.0025184	0.5907757
	38	0.1481873	0.1159248	0.1323497	0.0119722	0.3863371
Size	116	21.86223	1.193915	21.68451	19.72359	25.50239
	38	22.43116	1.286945	22.46933	20.33022	25.50239
ROA	116	0.0176216	0.0181292	0.01445	−0.0396	0.1164
	38	0.0145816	0.0198308	0.0114	−0.0396	0.0794

注：各变量的定义见表 7-1 。

① 已公布股权激励方案的公司没有实施方案的原因，除了进度和程序方面的因素外，还有一部分公司由于种种原因终止了计划。

表 7-4　有关变量的 Pearson 相关分析结果 Ⅰ

	TobinQ	MBR	Implmnt	Indxgvd	Stateown	Herf	Size	ROA
TobinQ	1.0000							
MBR	0.8669 0.0000	1.0000						
Implmnt	0.2046 0.0276	0.0940 0.3156	1.0000					
Indxgvd	0.1406 0.1322	0.2083 0.0249	0.1783 0.0554	1.0000				
Stateown	−0.0039 0.9666	−0.0270 0.7735	−0.0330 0.7252	0.1208 0.1963	1.0000			
Herf	−0.1112 0.2345	0.0594 0.5263	−0.0890 0.3421	0.1145 0.2209	−0.0098 0.9170	1.0000		
Size	−0.2726 0.0031	−0.1644 0.0779	0.0274 0.7700	0.0837 0.3717	0.3341 0.0002	0.0149 0.8737	1.0000	
ROA	0.4423 0.0000	0.4879 0.0000	0.1608 0.0847	0.1154 0.2172	−0.1175 0.2089	−0.0081 0.9316	−0.1173 0.2098	1.0000

注：各变量的定义见表 7-1 。表中各变量之间相关分析的样本数为 116。每个变量有两行数值，上行为相关系数，下行是对应的 P 值（双尾检验）。

表 7-4　有关变量的 Pearson 相关分析结果 Ⅱ

	TobinQ	MBR	Implmnt	Indxgvd	Herf	Size	ROA
TobinQ	1.0000						
MBR	0.9407 0.0000	1.0000					
Implmnt	0.4078 0.0110	0.4035 0.0120	1.0000				
Indxgvd	0.1282 0.4429	0.2176 0.1895	0.2291 0.1665	1.0000			
Herf	0.0442 0.7923	0.2128 0.1997	−0.3610 0.0260	−0.0249 0.8819	1.0000		
Size	−0.3626 0.0252	−0.2562 0.1206	0.1098 0.5118	0.1925 0.2470	−0.1256 0.4523	1.0000	
ROA	0.7312 0.0000	0.7561 0.0000	0.1924 0.2473	0.2942 0.0730	0.2215 0.1813	−0.1873 0.2601	1.0000

注：各变量的定义见表 7-1 。表中各变量之间相关分析的样本数为 38。每个变量有两行数值，上行为相关系数，下行是对应的 P 值（双尾检验）。

第二节　检验结果及分析

一、全样本回归结果与分析

表 7－5 列示的是政府干预与股权激励价值效应的全样本 OLS 回归结果。由于将 Implmnt 变量和其与 Indxgvd 变量的交互项同时放入模型会导致严重的共线性，所以，它们被分别纳入模型。所有模型均控制了行业哑变量，为了节省行文空间，结果未在表中列出。表中变量的方差膨胀因子（VIF）值均不超过 3（为了节约行文空间未报告结果），所以，表中所有模型不存在严重的共线性问题。

模型一的结果表明，Implmnt 变量的系数在 5%水平上显著为正，这说明，实施股权激励的公司相对于没有实施的公司有着更好的市场业绩。Indxgvd 变量的系数在 5%的水平上显著为正。由于 Indxgvd 变量的值越大代表政府干预程度越弱，所以，这一结果表明公司的市场业绩与所处地区政府干预程度负相关。这与夏立军等（2005）的发现一致，说明政府干预对上市公司（无论是国有控股公司还是非国有控股公司）的绩效产生了负面的影响。

为了考察政府干预对股权激励价值效应的可能影响，模型二纳入了 Implmnt 变量与 Indxgvd 变量的交互项。结果显示，Implmnt 变量与 Indxgvd 变量交互项的系数在 5%的水平上显著为正，同时，Indxgvd 变量的系数也在 5%的水平上显著为正。由于 Indxgvd 变量的值越大表示政府干预程度越小，因此，这一结果说明，所处地区政府干预程度越小，实施股权激励的价值效应就越大，或者说，政府干预程度与股权激励的价值效应负相关。本章所提假设一得以验证。

从其他控制变量的回归结果来看，Stateown 变量的回归结果不显著，说明国有控股公司与非国有控股公司在市场业绩上没有显著的差异；Herf 变量的结果不显著，没有支持股权集中度与公司价值呈线性关系的研究结论；Size 变量的系数在 5%的水平上显著为负，意味着，公司规模与其市场业绩负相关；而 ROA 变量的系数在 1%的水平上显著为正，表明公司盈利能力越强其市场价值越高。

表 7-5 股权激励价值效应的 OLS 回归结果（全样本，因变量 TobinQ）

变量	预期符号	模型一	模型二
Implmnt	+	0.3447953 2.20 **	
Indxgovd	+	0.1609127 2.12 **	0.1562164 2.06 **
Implmnt * Indxgvd	+		0.0234851 2.27 **
Stateown	?	0.1666794 1.06	0.1646801 1.05
Herf	?	−0.697306 −1.14	−0.6967861 −1.15
Size	?	−0.1342293 −2.18 **	−0.1352589 −2.20 **
ROA	+	15.82254 4.25 ***	15.83116 4.26 ***
Cons	?	3.011768 1.64	3.117504 1.70 *
N		116	116
F		3.24 ***	3.26 ***
Adj R−sq		0.3363	0.3385

TobinQ：托宾 Q，公司市场价格/公司重置成本 =（年末流通市值＋非流通股份占净资产的金额＋长期负债合计＋短期负债合计）/年末总资产。Implmnt：哑变量，上市公司已实施其股权激励计划的，取值为 1；否则为 0。Indxgovd：各地区政府干预程度。该变量数值越大，代表政府干预程度越弱。数据来自于樊纲、王小鲁和朱恒鹏（2006）报告的 2005 年度中国各地区市场化相对进程子数据——“减轻企业的税外负担”指标。Stateown：哑变量，如果上市公司最终控制人是政府有关机构（如国资委、财政部门等）、国有资产经营公司、大专院校及科研机构等，则取值为 1；否则为 0。Herf：赫芬达尔指数，即公司前五名大股东持股比例的平方和，表示公司大股东持股的集中度和公司前五名大股东持股的分散程度。Size：期末总资产的自然对数。ROA：资产收益率。

注：上行数据为回归系数，下行数据为 T 值。***　***　* 分别表示在 1%、5%和 10%水平上显著（双尾检验）。

二、国有控股样本回归结果与分析

表 7－6 列示的是针对国有控股样本的 OLS 多元回归结果，旨在考察政府干预对国有控股公司股权激励价值效应的影响。与全样本的回归一样，为了避免多重共线性，Implmnt 变量和其与 Indxgvd 变量的交互项被分别纳入模型一和模型二。同样，基于节省空间，行业哑变量的回归结果没有在表中列示出来。此外，表中变量的方差膨胀因子（VIF）值均不超过 3（为了节约行文空间未报告结果），所以，表中所有模型不存在严重的共线性问题。

从模型一的回归结果来看，Implmnt 变量的系数在 10％的水平上显著为正，表明，对于国有控股公司来说，实施股权激励的公司比没有实施的公司有更高的市场业绩。Indxgvd 变量的系数在 5％水平上显著为正，说明所处地区政府干预程度越强，国有控股公司的市场业绩就越差，验证了夏立军等（2005）的研究结论。

模型二是纳入 Implmnt 变量与 Indxgvd 变量交互项后的回归结果，目的在于检验国资控股、政府干预与股权激励价值效应之间的关系。从回归结果来看，Implmnt 变量与 Indxgvd 变量交互项的系数在 10％的水平上显著为正，同时，Indxgvd 变量的系数符号为正，并在 5％水平上显著。这一结果表明，国有控股公司所处地区政府干预程度越轻，实施股权激励比没有实施股权激励有着更高的市场业绩，或者说，政府干预越强，国有控股公司实施股权激励的价值效应就越低。也即，对于国有控股公司来说，实施股权激励比没有实施股权激励能带来更高的市场业绩；而政府干预则会弱化这种股权激励的价值效应。因此，本章所提假设二得以印证。

表 7－6　股权激励价值效应的 OLS 回归结果（国有控股样本，因变量 TobinQ）

变量	预期符号	模型一	模型二
Implmnt	+	0.7707406 1.91 *	
Indxgvd	+	0.4680115 2.14 **	0.4676353 2.12 **

（续表）

变量	预期符号	模型一	模型二
Implmnt * Indxgvd	+		0.047858 1.84 *
Herf	?	0.6698591 0.44	0.5714426 0.38
Size	?	−0.1826934 −1.57	−0.1809788 −1.54
ROA	+	19.59293 2.51 **	19.46322 2.48 **
Cons	?	−0.8880471 −0.22	−0.8978496 −0.22
N		38	38
F		5.11 ***	5.03 ***
Adj R−sq		0.6897	0.6855

TobinQ：托宾 Q，公司市场价格/公司重置成本 ＝（年末流通市值＋非流通股份占净资产的金额＋长期负债合计＋短期负债合计）/年末总资产。Implmnt：哑变量，上市公司已实施其股权激励计划的，取值为 1；否则为 0。Indxgovd：各地区政府干预程度。该变量数值越大，代表政府干预程度越弱。数据来自于樊纲、王小鲁和朱恒鹏（2006）报告的 2005 年度中国各地区市场化相对进程子数据——“减轻企业的税外负担”指标。Herf：赫芬达尔指数，即公司前五名大股东持股比例的平方和，表示公司大股东持股的集中度和公司前五名大股东持股的分散程度。Size：期末总资产的自然对数。ROA：资产收益率。

注：上行数据为回归系数，下行数据为 T 值。***　***　* 分别表示在 1%、5%和 10%水平上显著（双尾检验）。

三、稳健性检验

为了进一步考察国资控股、政府干预与股权激励价值效应之间的关系，本部分用市净率（MBR）替代托宾 Q 作为对公司市场业绩的度量，进行稳健性检验，结果列示于表 7－7。与本章前两部分一样，Implmnt 变量及其与 Indxgvd 变量的交互项被分别放入模型一和模型二，并且，所有模型均控制了行业哑变量，但基于省略未予列出结果。表中变量的方差膨胀因子（VIF）值均不超过 3（为了节约行文空间未报告结果），因此，表中所有模型不存在严重的共线性问题。

模型一的结果显示，Implmnt 变量和 Indxgvd 变量的系数分别在 10％和 1％水平上显著为正，再一次验证：对于国有控股公司来说，实施股权激励能够取得更高的市场业绩；所处地区政府干预程度越强，国有控股公司的市场价值就越低。模型二的结果表明，Implmnt 变量与 Indxgvd 变量交互项的系数在 10％的水平上显著为正，同时，Indxgvd 变量在 1％的水平上与因变量 MBR 正相关，这进一步说明：实施股权激励能够促进国有控股公司取得更高的市场业绩，而政府干预则会弱化股权激励的这种价值效应。此外，其他控制变量的回归结果也与本章前两部分相同。因此，本部分的稳健性检验结果进一步支持了本章所提的研究假设。

表 7－7　股权激励价值效应的 OLS 回归结果（国有控股样本，因变量 MBR）

变量	预期符号	模型一	模型二
Implmnt	＋	1.434882 2.00 *	
Indxgvd	＋	1.150829 2.96 ***	1.147246 2.93 ***
Implmnt * Indxgvd	＋		0.0904667 1.96 *
Herf	?	3.415665 1.27	3.281954 1.23
Size	?	－0.1432374 －0.69	－0.1422527 －0.68
ROA	＋	36.77175 2.65 **	36.49487 2.62 **

（续表）

变量	预期符号	模型一	模型二
Cons	?	−10.62588 −1.46	−10.57209 −1.44
N		38	38
F		6.79 ***	6.73 ***
Adj R−sq		0.7577	0.7558

MBR：市净率，每股市价与每股净资产的比值。Implmnt：哑变量，上市公司已实施其股权激励计划的，取值为1；否则为0。Indxgovd：各地区政府干预程度。该变量数值越大，代表政府干预程度越弱。数据来自于樊纲、王小鲁和朱恒鹏（2006）报告的2005年度中国各地区市场化相对进程子数据——“减轻企业的税外负担”指标。Herf：赫芬达尔指数，即公司前五名大股东持股比例的平方和，表示公司大股东持股的集中度和公司前五名大股东持股的分散程度。Size：期末总资产的自然对数。ROA：资产收益率。

注：上行数据为回归系数，下行数据为T值。***　***　* 分别表示在1%、5%和10%水平上显著（双尾检验）。

四、研究结论与总结

本章以截至2008年12月31日沪深A股已公布股权激励方案的上市公司为研究样本，实证分析了国资控股、政府干预与股权激励价值效应之间的关系。研究结果表明，实施股权激励的公司比没有实施股权激励的公司有更高的市场价值，从目前实施情况来看，股权激励在我国初步发挥了理论所预期的价值效应。然而，政府干预对股权激励的价值效应产生了消极的影响，本章的检验结果表明，所处地区政府干预程度越大，股权激励的价值效应就越小。对国有控股公司样本的进一步分析发现，上述情况在国有控股公司中也显著存在。相对于没有实施股权激励的国有控股公司，实施股权激励的国有控股公司市场价值更高；但所处地区政府干预越强，国有控股公司实施股权激励的价值效应就越小，也就是说，对于国有控股公司来说，政府干预弱化了实施股权激励的价值效应。

第八章 全书总结

前七章已对本书的研究主题，相关文献，我国股权激励制度的发展与现状，国资控股下的上市公司治理特征进行了介绍、述评和分析，并对国资控股、政府干预与股权激励有效性之间的关系进行了理论分析和实证检验。本章是对全书的总结，包括两大部分内容：研究结论与启示；本书创新、局限性和未来研究方向。以下分述之。

第一节 研究结论与启示

本书以 2005—2008 年期间公布股权激励计划的上市公司为研究样本，从股权激励计划的选择和股权激励价值效应两个方面，对国资控股、政府干预与股权激励有效性之间的关系进行了理论分析和实证检验。

首先，在股权激励计划选择方面。由于或多或少承担了政府转嫁的政策性负担，相对于非国有控股的公司，国有控股公司并不完全是一个价值最大化者，而股权激励的根本目的即在于通过激励经理层努力工作以最大化公司价值，既然国有控股公司并不完全追求利润最大化，因此，也就没有强烈的动力去选择股票期权激励。另一方面，众所周知，国有控股公司的高管薪酬是受到政府管制的（陈冬华等，2005）。作为高管薪酬组合一部分的股票期权激励，自然摆脱不了政府的管制。由于薪酬管制，高级管理人员通过股权激励获取的预期收益水平会被限制在一定的限度内，这将减弱股权激励对公司经理层的吸引力，特别是，当还面临更多政治晋升机会的时候，国有控股公司高管就更不倾向于选择具有一定风险的股权激励报酬。据此，本书提出假设：与非国有控股公司相比，国有控股公司更不倾向于选择股权激励；而且，与非国有控股公司相比，国有控股公司授予的股权激励份额更少。

那么，为什么国有控股公司相对于非国有控股公司更不倾向于选择股权激励，而且股权激励的强度也较低呢？原因可能在于，国有控股公司承受了更多的政府干预。我们知道，基于不完全经济性动因的政府干预至少会从两个维度对公司选择股权激励计划产生消极影响。一方面，政府干预会弱化代理人努力程度与公司利润和公司股价之间的关系，委托人在利用公司股价的波动来推断代理人努力程度时，需要排除更多的外生因素的干扰，或者说，资本市场通过公司股票价格的波动向委托人传递关于代理人努力程度的新信息的能力受到削弱。这种情况导致的后果是，考虑到政府干预对股权激励的负面影响，委托人将没有动力选择对代理人实施股权激励；另一方面，从 Leland 和 Pyle 的股权激励机制来看，政府干预会使得公司的收益变得更加不确定，即使是内部人，也难以把握公司收益的分布，或者说，由于政府干预的存在，公司内部人对公司平均收益的了解也不比外部投资者更多。因此，内部人缺乏通过实施股权激励来进行信号传递的激励。而且，不难预期，随着政府干预的增强，上述两种消极影响就会越严重。据此，本书进一步提出假设：政府干预越强，国有控股公司越不倾向于选择股权激励；政府干预越强，国有控股公司授予的股权激励强度就越低。

进一步，在股权激励的价值效应方面。根据股权激励效应的最优契约论（Jensen 和 Meckling，1976；Mirrlees，1976；Holmstrom，1979；Lazear 和 Rosen，1981；Grossman 和 Hart，1983；Murphy，1986；等等），股权激励是解决代理问题的主要手段。设计科学而合理的股权激励契约，能够有效地激励管理层努力最大化股东价值。在最优契约论的框架下，西方有大量实证研究验证了股权激励的价值效应（Jensen 和 Murphy，1990；Main，1991；Stulz，1988；Kaplan，1989；Smith，1990；Haubrich，1994；Mehran，1995；Zhou 和 Swan，2003；Joscow，Rose 和 Shepard，1993；Hall 和 Liebman，1998；等等）。在我国也有一系列的经验证据表明管理层股权激励与企业业绩正相关（林浚清等，2003；张俊瑞，2003；张小宁，2002；刘斌等，2003；宋德舜，2004；杜胜利和翟艳玲，2005；胡阳等，2006；赖普清，2007；唐清泉等，2008；等等）。相对于以往基于产权改革而形成的管理层持股制度，2006 年《上市公司股权激励管理办法》和《国有控股上市公司（境内）实施股权激励试行办法》两个文件出台后公布实施的股权激励，是真正意义上的规范的股权激励制度，并且其推行有着相对有利和配套的制度环境基础。首先，2005 年《公司法》与《证券法》的修订，扫清了旧有法律、法规在实施股权激励的股票来源和流通方面的障碍。再者，股权分置改革消除了股权的定价分置，使得控股股东（非流通股股东）和中小股东（流通股股东）的利益有了共同的基础，公司股价能够反映包括控股股东在内的所有股东的目标，同时，全流通也使得经理层努力程度更可能通过公司股价得以反映，并可以被股东低成本的观测到。因此，股份全流通为上市公司实施股权激励创造了条件。据此，本书预期这次实施股权激励应该能够发挥一定的激励效应，实施股权激励的公司（不论是国资控股还是非国资控股公司）应该有更高的市场业绩。

另一方面，基于不完全经济性动因的政府干预不仅对公司选择股权激励计划产生消极影响，而且会对股权激励计划的实施效果产生负面影响。首先，政府干预会弱化代理人努力程度与公司利润和公司股价之间的关系，委托人在利用公司股价的波动来推断代理人努力程度时，需要排除更多的外生因素的干扰，或者说，资本市场通过公司股票价格的波动向委托人传递关于代理人努力程度的新信息的能力受到削弱。对于实施股权激励的公司，由于错误奖惩的可能性增大，代理人将承担较大的风险（假定代理人是风险规避的），从而代理成本难以降低。其次，从 Leland 和 Pyle 的股权激励机制来看，政府干预会使得公司的收益变得更加不确定，即使是内部人，也难以把握公司收益的分布，或者说，由于政府干预的存在，公司内部人对公司平均收益的了解也不比外部投资者更多。因此，内部人缺乏通过实施股权激励来进行信号传递的激励，从而逆向选择问题难以得到解决，代理成本难以降低。因此，本书预期政府干预将会弱化股权激励的激励效果。同时，由于国有控股公司与政府之间存在天然的“政治联系”，政府干预对国有控股公司股权激励的实施效果将会产生更为严重的消极影响。综上，本书提出假设：相对于没有实施股权激励的公司，实施股权激励的公司（不论是国资控股还是非国资控股公司）有更高的市场业绩；对于国有控股公司，实施股权激励的公司比没有实施股权激励的公司有更高的市场业绩；政府干预将会弱化这种股权激励的价值效应。

本书的实证检验结果支持了上述研究假说。具体来说，在股权激励计划选择方面，实证检验结果发现：

相对于非国有控股公司，国有控股公司更不倾向于选择股权激励。那么，什么原因致使国有控股公司更不愿意选择股权激励？进一步地分析显示，所处地区的政府干预程度越强，国有控股公司选择股权激励计划的可能性就越小，也就是说，政府干预影响了国有控股公司对股权激励计划的选择，使得股权激励机制的有效性在初始选择环节就受到了一定程度的抑制。

相对于非国有控股的公司，国有控股公司授予的股权激励份额较少，激励强度较弱。而且，公司授予高管层的股权激励份额，随着其所处地区的政府干预程度的增强而减少，而这种情况在国有控股的公司中表现得更为突出，即所处地区政府干预程度越强，国有控股公司授予的股权激励份额就越少。也就说，政府干预不仅削弱了国有控股公司选择股权激励的意愿，而且抑制了国有控股公司实施股权激励的强度。

在股权激励的价值效应方面，实证检验结果发现：实施股权激励的公司比没有实施股权激励的公司有更高的市场价值，从目前实施情况来看，股权激励在我国初步发挥了理论所预期的价值效应。然而，政府干预对股权激励的价值效应产生了消极的影响，检验结果表明，所处地区政府干预程度越大，股权激励的价值效应就越小。对国有控股公司样本的进一步分析发现，上述情况在国有控股公司中也显著存在。相对于没有实施股权激励的国有控股公司，实施股权激励的国有控股公司市场价值更高；但所处地区政府干预越强，国有控股公司实施股权激励的价值效应就越小，也就是说，对于国有控股公司来说，政府干预弱化了实施股权激励的价值效应。

上述研究结果表明，政府干预不仅对公司选择股权激励的动机产生消极影响，而且会削弱股权激励的价值效应。这意味着，要想提高股权激励的有效性，解决国有控股公司经营者长期激励不足的问题，不仅需要完善各种内部公司治理机制，更需要改善政府治理，约束和减少政府对国有控股公司的过多干预；引进市场化用人机制，改革政府对国有控股公司高管的行政任命制，对股权激励效应的发挥具有极其重要的意义。

第二节　本书创新、局限性与未来研究方向

一、本书创新

众所周知，国资控股是我国证券市场的普遍现象，行政干预下的内

部人控制是转型经济中的我国国有控股公司的基本治理特征（吴敬琏，1995；张春霖，1995）。虽然历经 30 年的改革，我国市场化进程取得了举世瞩目的成就，但政府干预仍然是影响我国国有控股上市公司治理效率的根本性制度变量。作为公司治理重要机制的股权激励，其有效性必然受到政府干预的影响。国内既有研究，无论是大量基于高管持股的，还是基于“变通”股权激励的，抑或根据 2006 年股权激励改革以后的，对国资控股从而政府干预之于股权激励有效性的影响，均未给予重视。与既有研究不同，本书对国资控股、政府干预与股权激励有效性之间的关系进行了较为深入的研究，为股权激励效应的影响因素提供了更为根本性的制度性解说，此为本书的主要可能创新之一。

其次，正如本书第二章对国内文献的综述，由于以股票期权和限制性股票等为主要形式的真正意义上的股权激励最近才在上市公司展开，因此既有的实证研究大多是从高管持股的角度来进行的，但高管持股是国有企业产权制度改革的结果，并非完全源自对高管的激励，因此，以高管持股来研究股权激励效应，其结论不完全可靠。与此不同，本书以 2006 年股权激励制度改革后的公布或实施股权激励计划的上市公司为研究样本，并且基于股权分置改革等相关制度环境发生革命性变革的背景，研究结论将更有说服力也更具现实意义。此为本书的主要可能创新之二。

最后，在研究方法上，本文对政府干预从不同维度分不同层次进行了较全面地衡量。首先，根据上市公司最终控制人类型区分为地方政府控股、中央政府控股和非政府控股三种类型，以最终控制人是否是政府来衡量政府干预。其次，根据樊纲、王小鲁和朱恒鹏（2006）编制的中国各地区市场化相对进程的数据及其子数据构建地区政府干预指数来衡量政府干预程度。依据樊纲、王小鲁和朱恒鹏（2006）编制的市场化总指数、方面指数和分项指数，这一方法又具体用四项指标从三个层次来衡量政府干预程度，即第一个层次是“减少政府对企业的干预”和“减轻企业的税外负担”两项指标，这是相对直接度量政府干预程度的指标；第二个层次是“政府与市场的关系”指标，它是相对于前两者的较综合的衡量指标；而各地区市场化程度是第三个层次度量政府干预的指标，也是最综合的一项指标。最后，本文还使用地方政府行政辖区内上市公司数量和上市公司经济影响力作为政府干预程度的代理变量。这样全方位地对政府干预进行衡量，不仅使得本文检验结果更加稳健，同时，也是本文在研究设计上所作的一个新尝试。此为本文可能的创新之三。

二、局限性与未来研究方向

虽然本书从选题、收集数据、统计处理到最后成书历时两年多，并且在研究过程中尽量全面、深入、细致地分析和考察国资控股、政府干预与股权激励有效性之间的关系，但囿于笔者的认知能力、研究方法以及时间和精力等方面的限制，本书至少还存在以下局限：

首先，研究样本的局限性。虽然在相关制度环境和政策法规发生革命性变革的情况下，通过对上市公司股权激励计划的选择和实施行为进行考察，可以了解影响股权激励计划选择的制度性因素和实施股权激励计划的价值效应，但是，由于样本期间公布股权激励方案的公司家数不多，进入实施阶段的则更少，而事实上在 2008 年 12 月 31 日以后不断有公司开始选择股权激励，因此，本书确定的选择股权激励的公司比实际选择股权激励的公司要少，这在一定程度上削弱了本书研究结果的显著性。

其次，本书没有考虑不同控制权结构（如政府直接控股和间接控股）下政府干预程度的差异，显然，考虑这一差异可以有助于我们进一步理解政府干预对股权激励有效性的影响。而将不同控制权结构下政府干预程度的差异纳入分析框架是笔者未来研究方向之一。

最后，本书没有直接考虑政府对国有控股公司人事制度上的干预（即国有控股公司高管的行政任命制）之于股权激励有效性的影响，而高管的行政任命制可能是影响国有控股公司股权激励的选择行为和激励效果的重要因素。同时，如何将高管的行政任命制纳入股权激励有效性的分析框架和检验模型，是笔者将继续探索的主要方向。

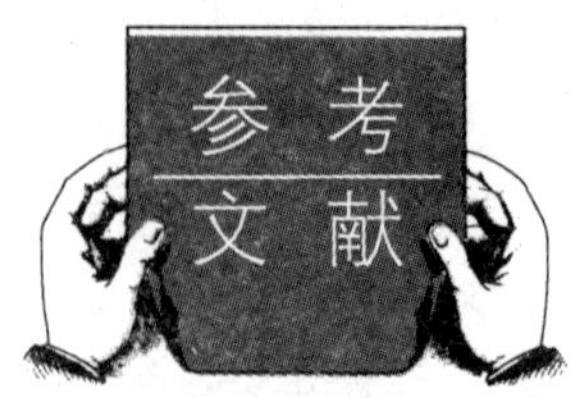

一、中文部分：

1. 陈清泰，吴敬琏. 股票期权激励制度法规政策研究报告. 北京：中国财政经济出版社，2001.

2. 程仲鸣，夏银桂. 制度变迁、国家控股与股权激励. 南开管理评论，2008（8）：89—96.

3. 陈冬华，陈信元，万华林. 国有企业中的薪酬管制与在职消费. 经济研究，2005（2）：92—101.

4. 杜胜利，翟艳玲. 总经理年度报酬决定因素的实证分析——以我国上市公司为例. 管理世界，2005（8）：114—120.

5. 丁汉鹏. 公司价值的形成与股权激励适用对象的选择. 管理世界，2001（3）：200—202.

6. 樊纲，王小鲁，朱恒鹏. 中国市场化指数——各地区市场化相对进程2006年报告. 北京：经济科学出版社，2007.

7. 费方域. 控制内部人控制——国企改革中的治理机制研究. 经济研究，1996（6）：31—39.

8. 高明华，马守莉. 独立董事制度与公司绩效关系的实证分析. 南开经济研究，2002（2）：64—68.

9. 顾斌，周立烨. 我国上市公司股权激励实施效果的研究. 会计研究，2007（2）：79—84.

10. 何德旭. 经理股票期权：实施中的问题与对策——兼论国有企业激励约束机制的建立与完善. 管理世界，2000（3）：187—192.

11. 胡国强，彭家生. 股权激励与财务重述——基于中国 A 股市场上市公司的经验证据. 财经科学，2009 (11)：39—46.

12. 胡阳，刘志远，任美琴. 设计有效的经营者持股激励机制——基于中国上市公司的实证研究. 南开管理评论，2006 (5)：52—58.

13. 胡经生. 经理股票期权：作为凸性激励的相关问题及其在中国的应用研究. 复旦大学博士学位论文，2005.

14. 孔翔. 中外独立董事制度比较研究. 管理世界，2002 (8)：88—96.

15. 金雪军，余津津. '股票期权'激励机制与国有企业改革. 管理世界，2000 (5)：207—209.

16. 李心合. 论制度财务学构建. 会计研究，2005 (7)：44—48.

17. 李心合. 利益相关者财务论. 北京：中国财政经济出版社，2003.

18. 李增泉. 激励机制与企业绩效. 会计研究，2000 (1)：24—30.

19. 李增泉. 国家控股与公司治理的有效性——一项基于中国证券市场的实证研究. 上海财经大学博士学位论文，2002.

20. 李茂生. 中国证券市场透析. 北京：中国社会科学出版社，2002.

21. 李维安，张国萍. 经理层治理评价指数与相关绩效的实证研究——基于中国上市公司治理评价的研究. 经济研究，2005 (11)：87—98.

22. 李常青，赖建清. 董事会特征影响公司绩效吗？. 金融研究，2004 (5)：64—77.

23. 李有根，赵西萍，李怀祖. 上市公司的董事会构成和公司绩效研究. 中国工业经济，2001 (5)：48—53.

24. 李银珠. 股票期股薪酬制度及其在我国的应用. 会计研究，2006 (3)：80—84.

25. 李哲，何佳. 国有上市公司的上市模式、并购类型与绩效. 世界经济，2007 (9)：64—73.

26. 刘鸿儒等. 探索中国资本市场发展之路——理论创新推动制度创新. 北京：中国金融出版社，2003.

27. 刘小玄. 中国企业发展报告. 北京：社会科学文献出版社，2001.

28. 刘兴强，段西军. 国有上市公司的上市模式、控制权结构与企业绩效. 金融研究，2006 (5)：42—50.

29. 刘斌，刘星，李世新，何顺文. CEO 薪酬与企业业绩互动效应的实证检验. 会计研究，2003 (3)：35—39.

30. 林浚清，黄祖辉，孙永祥. 高管团队内薪酬差距、公司绩效和治理结构. 经济研究，2003 (4)：31—40.

31. 罗富碧，冉茂盛，杜家廷. 高管人员股权激励与投资决策关系的实证研究. 会计研究，2008 (8)：69—76.

32. 吕长江，郑慧莲，严明珠，许静静. 上市公司股权激励制度设计：是激励还是福利?. 管理世界，2009 (9)：133—147.

33. 刘凤委，孙铮，李增泉. 政府干预、行业竞争与薪酬契约——来自国有上市公司的经验证据. 管理世界，2007 (9)：76—84.

34. 青木昌彦. 对内部人控制的控制：转轨经济中公司治理的若干问题. 改革，1994 (6)：11—24.

35. 钱颖一. 企业的治理结构改革和融资结构改革. 经济研究，1995 (1)：20—29.

36. 芮明杰. 国有控股公司运行与管理. 济南：山东人民出版社，1999.

37. 宋德舜. 国有控股、最高决策者激励与公司绩效. 中国工业经济，2004 (3)：92—97.

38. 孙永祥，黄祖辉. 上市公司的股权结构与绩效. 经济研究，1999 (12)：23—30.

39. 上海证券交易所研究中心. 中国公司治理报告 (2006)：国有控股上市公司治理. 上海：复旦大学出版社，2006.

40. 谭劲松，陈艳艳，谭燕. 地方上市公司数量、经济影响力与企业长期借款. 工作论文，2008.

41. 唐清泉，朱瑞华，甄丽明. 我国高管人员报酬激励制度的有效性——基于沪深上市公司的实证研究. 当代经济管理，2008 (2)：59—65.

42. 王建梅. 改革开放 30 年我国国有企业产权制度改革评述. 经济研究参考，2008 (49)：33—44.

43. 王烨. 关于股权激励效应的争论与检验. 经济学动态，2009 (8)：107—111.

44. 王烨. 股权控制链、代理冲突与审计师选择. 会计研究，2009

(6)：65—72.

45. 王跃堂，赵子夜，魏晓雁. 董事会的独立性是否影响公司绩效?. 经济研究，2006 (5)：62—73.

46. 王跃堂，涂建明. 上市公司审计委员会治理有效性的实证研究——来自沪深两市的经验证据. 管理世界，2006 (11)：135—143.

47. 王华，黄之骏. 经营者股权激励、董事会组成与企业价值. 管理世界，2006 (9)：101—116.

48. 王红领. 决定国企高管薪酬水平的制度分析. 现代经济探讨，2006 (1)：13—19.

49. 魏刚. 高级管理层激励与上市公司经营绩效. 经济研究，2000 (3)：32—64.

50. 吴晓求，应展宇. 激励机制与资本结构：理论与中国实证. 管理世界，2003 (6)：5—14.

51. 吴晓求. 股权流动性分裂的八大危害——中国资本市场为什么必须进行全流通变革?. 财贸经济，2004 (5)：49—54.

52. 吴晓晖，陈闯，姜彦福. 非政策性因素的独立董事形成机制实证研究. 中国工业经济，2007 (11)：104—111.

53. 吴淑琨，刘忠明，范建强. 非执行董事与公司绩效的实证研究. 中国工业经济，2001 (9)：69—76.

54. 谢朝斌. 试论股份公司董事会专业委员会及其独立性规制. 甘肃政法学院学报，2004 (6)：35—39.

55. 夏立军，方轶强. 政府控制、治理环境与公司价值——来自中国证券市场的经验证据. 经济研究，2005 (5)：40—51.

56. 夏立军. 政府干预与市场失灵——上市公司之会计师事务所选择研究. 上海财经大学博士学位论文，2005.

57. 夏纪军，张晏. 控制权与激励的冲突——兼对股权激励有效性的实证分析. 经济研究，2008 (3)：87—98.

58. 俞鸿琳. 国有上市公司管理者股权激励效应的实证检验. 经济科学，2006 (1)：108—116.

59. 于东智，王化成. 独立董事与公司治理：理论、经验与实践. 会计研究，2003 (8)：8—13.

60. 张宏敏，单鑫，朱敏. 股票期权薪酬绩效敏感度影响因素研究——基于股权分置改革后中国上市公司的实证分析. 宏观经济研究，

2009（8）：30—35.

61. 张小宁. 经营者报酬、员工持股与上市公司绩效分析. 世界经济，2002（10）：57—64.

62. 张宗益，宋增基. 上市公司经理持股与公司绩效实证研究. 重庆大学学报（社科版），2002（6）：1—3.

63. 张维迎. 企业理论与中国企业改革. 北京：北京大学出版社，1999.

64. 张维迎. 产权、激励与公司治理. 北京：经济科学出版社，2005.

65. 张春霖. 从融资角度分析国有企业的治理结构改革. 改革，1995（3）：34—46.

66. 张帆. 股权激励的激励机制及其绩效解说. 复旦大学博士学位论文，2003.

67. 张俊瑞，赵进文，张建. 高级管理层激励与上市公司经营绩效相关性的实证分析. 会计研究，2003（9）：29—34.

68. 支晓强. 管理层持股与业绩关系的理论分析. 财经科学，2003（2）：5—10.

69. 中国企业家调查系统. 中国企业家队伍成长现状与环境评价——2003 年中国企业经营者成长与发展专题调查报告. 管理世界，2003（7）：110—152.

70. 中国证监会. 中国资本市场发展报告. 北京：中国金融出版社，2008.

71. 周黎安. 中国地方官员的晋升锦标赛模式研究. 经济研究，2007（7）：36—50.

72. 周建波，孙菊生. 经营者股权激励的治理效应研究——来自中国上市公司的经验证据. 经济研究，2003（5）：74—82.

73. 周其仁. 市场里的企业：一个人力资本与非人力资本的特别合约. 经济研究，1996（6）：71—80.

74. 朱国泓，方荣岳. 管理层持股：沪市公司管理层的观点. 管理世界，2003（5）：125—134.

75. 朱武祥，戚熠璇. 高科技企业法律所有权、价值驱动因素、控制权分离与公司治理问题——W 公司案例及其一般分析. 南开管理评论，2002（4）：115—121.

二、英文部分

1. Aboody, David, and Ron Kasznik. CEO Stock Option Awards and the Timing of Corporate Voluntary Disclosures. Journal of Accounting and Economics, 2000, 29 (1): 73—100.

2. Acharya, Viral V, Kose John, and Rangarajan K. Sundaram. On the Optimality of Resetting Executive Options. Journal of Financial Economics, 2000(57).

3. Alchian, A. Some Economics of Property Rights. Politico, 1965, 30(4).

4. Akerlof, G. A. The Market for 'Lemons': Quality Uncertainty and the Market Mechanism. Quarterly Journal of Economics, 1970, 8.

5. Anderson, Bank, Ravindran. Executive Compensation in the Information Technology Industry. Management Science, 2000(40): 530—547.

6. Avinash Arya, Huey-Lian Sun. Stock Option Repricing: Heads I Win, Tails You Lose. Journal of Business Ethics, 2004(50): 297—312.

7. Balsam S., S. Miharjo. The Effect of Equity Compensation on Voluntary Executive Turnover. Journal of Accounting and Economics, 2007(43): 95—119.

8. Bartov E. and P. Mohanram. Private Information, Earnings Manipulations, and Executive Stock Option Exercise. The Accounting Review, 2004(79): 889—920.

9. Bebchuk, L. A., Jesse M., Fried and David I. Walker. Managerial Power and Rent Extraction in the Design of Executive Compensation, Working Paper. University of Chicago Law Review, 2002(69): 751—846.

10. Bebchuk, L. A. and Jesse M. Fried. Executive Compensation as an Agency Problem. Journal of Economic Perspectives, 2003 (17): 71—92.

11. Bebchuk, L. A. and Jesse M. Fried. Pay Without Performance: The Unfulfilled Promise of Executive Compensation. Cambridge, MA: Harvard University Press, 2004.

12. Bergstresser, D., and T. Philippon. CEO Incentives and Earnings Management. Journal of Financial Economics, 2006(80).

13. Bertrand M., S. Mullainathan. Agents with and without

Principles. American Economic Review,2000(90):203—208.

14. Bertrand, Marianne and Sendhil Mullainatham. Are CEOs Rewarded for Luck? The Ones Without Principles Are. Quaterly Journal of Economics,2001,8.

15. Boardman, A. E. , and A. R. , Vining. Ownership Vs. Competition: Efficiency in Public Enterprise. Public Choice,1992,73(2).

16. Bin Ke. Do Equity-Based Incentives Induce CEOs to Manage Earnings to Report Strings of Consecutive Earnings Increases? Smeal College of Business Administration, Pennsylvania State University, Working Paper,2005.

17. Bizjak,John M. ,James A. Brickley,and Jeffrey L. Coles. Stock-based Incentive Compensation and Investment Behavior. Journal of Accounting and Economics,1993(16):349—372.

18. Borokhovich, K. A. , K. R. Brunarski, and R. Parrino. CEO Contracting and Anti-takeover Amendments. Journal of Finance, 1997 (52):1503—1513.

19. Boycko, M. , A. , Shleifer, and R. M. , Vishny. A Theory of Privatization. The Economic Journal,1996(106):309—319.

20. Burns, N. and S. Kedia. The Impact of Performance-Based Compensation on Misreporting. Journal of Financial Economics, 2006 (79):35—67.

21. Callaghan, S. R. ,P. Jane Saly,C. Subramaniam. The Timing of Option Repricing. Working Paper (Final Copy Sent to JOF),2002.

22. Callaghan, S. R. , Subramaniam, C. , Youngblood, S. A. Does Option Repricing Retain Executives and Improve Future Performance? Working Paper,Texas Christian University,2003.

23. Carter, Mary Ellen, and Luann J. Lynch. An Examination of Executive Stock Option Repricing. Journal of Financial Economics,2001, 861(2):207—225.

24. Chance, Don M. , Raman Kumar, and Rebecca B. Todd, The Repricing of Executive Stock Options. Journal of Financial Economics, 2000,757(1):129—154.

25. Chauvin, Keith, and Catherine Shenoy, Stock Price Decreases

Prior to Executive Stock Option Grants. Journal of Corporate Finance, 2001(7):53—76.

26. Cheng, Q., and T. D. Warfield. Equity Incentives and Earnings Management. The Accounting Review, 2005(80):441—476.

27. Claessens, S., and R. K., Peters. State Enterprise Performance and Soft Budget Constraints: The Case of Bulgaria, Economics of Transition, 1997, 5(2).

28. Coles, J. L., M. Hertzel, Kalpathy, S. Earnings Management around Employee Stock Option Reissues. Journal of Accounting and Economics, 2006(41):173—200.

29. Coles, J. L., Naveen D., Daniel. Managerial Incentives and Risk-taking. Journal of Financial Economics, 2006(79):431—468.

30. Core J. E., W. R. Guay, D. F. Larcker. Executive Equity Compensation and Incentives: A Survey. Economic Policy Review, 2003 (32):27—50.

31. Core, J., Guay, W. The Use of Equity Grants to Manage Optimal Equity Incentive Levels. J. Account. Econ., 1999(28):151—184.

32. Core, J., R. Holthausen, D. Larcker. Corporate Governance, Chief Executive Compensation, and Firm Performance. Journal of Financial Economics, 1999(51):371—406.

33. Cyert, R., Kang, S., Kumar. Corporate Governance, Takeovers and Top Management Compensation: Theory and Evidence, Management Science, 2002(48):453—469.

34. Dechow, Patricia M. and Richard G., Sloan. Executive Incentives and the Horizon Problem. Journal of Accounting and Economics, 1991 (14):51—89.

35. Demsetz, Harold and Kenneth Lehn. The Structure of Corporate Ownership: Causes and Consequences. Journal of Political Economy, 1985 (93):1155—1177.

36. Djankov, S. The Enterprise Isolation Program in Romania. Journal of Comparative Economics, 1999, 27(2).

37. Dorff M B. Does One Hand Wash the Other? Testing the Managerial Power and Optimal Contracting Theories of Executive

Compensation. Journal of Corporation Law,2005(30):255—307.

38. Eaton, Jonathan and Harvey S. Rosen. Agency, Delayed Compensation,and the Structure of Executive Remuneration. Journal of Finance,1983(38):1489—1505.

39. Efendi,J. ,A. Srivastava and E. P. Swanson. Why Do Corporate Managers Misstate Financial Statements? The Role of Option Compensation and Other Factors. Journal of Financial Economics,2007(85):667—708.

40. Grossman, Sanford and Hart, Oliver. Corporate Financial Structure and Managerial Incentive,in J. J. McCall(ed.). The Economics of Information and Uncertainty. University of Chicago Press,1982:123—155.

41. Hall, B. J. and K. J. Murphy. Stock Options for Undiversified Executives. Journal of Accounting and Economics,2002.

42. Hall, B. J and Kevin J. Murphy. The Trouble with Stock Options. Journal of Economic Perspectives,2003,17(3):49—70.

43. Harley E. ,Ryan Jr. ,Roy A. Wiggins. The Interactions between R&D Investment Decisions and Compensation Policy. Financial Management,2002(1):5—29.

44. Harris,J. ,and P. Bromiley. Incentives to Cheat:The Influence of Executive Compensation and Firm Performance on Financial Misrepresentation. Organizational Science,2007(18):350—367.

45. Hartzell, J. C. , L. T. , Starks. Institutional Investors and Executive Compensation. Journal of Finance,2003(58):2351—2374.

46. Hertzel, M. , Coles, J. , Kalpathy, S. Earnings Management around Employee Stock Option Reissues. Journal of Accounting and Economics,2006.

47. Hirshleifer, J. , Thakor. The Private and Social Value of Information and the Reward to Incentive Activity. American Economic Review,1989(6):561—574.

48. Holmstrom, Bengt, and Jean Tirole. Market Liquidity and Performance Monitoring. Journal of Political Economy,1993(101):678—709.

49. Holmstrom,Bengt,Moral Hazard and Observability. Bell Journal

of Economics,1979:74—91.

50. Holmstrom,Bengt. Moral Hazard inTeams ,Bell Journal of Economics, 1982(13):324—401.

51. Holmstrom,Bengt and Joan Ricart i Costa. Managerial Incentives and Capital Management. Quarterly Journal of Economics,1986(101):835—860.

52. Holmstrom,Bengt and Milgrom,P. Aggregation and Linearity in the Provision of Intertemporal Incentives, Econometrica, 1987(55):303—328.

53. Ittner,C. D. ,Lambert,R. A. ,Larcker,D. F. The Structure and Performance Consequences of Equity Grants to Employees of New Economy Firms. Journal of Accounting and Economics, 2003(34):89—127.

54. Jensen,M. ,K. Murphy. Remuneration:Where We've been,How We Got to Here,What are the Problems,and How to Fix Them,CEGI Working Paper,2004.

55. Jensen,M. ,K. Murphy. Performance Pay and Top Management Incentives. Journal of Political Economy,1990(98):225—263.

56. Jensen, M. C. , and W. H. , Meckling. Theory of The Firm: Managerial Behavior,Agency Costs and Ownership Structure. Journal of Financial Economics,1976(3):305—360.

57. John,Teresa A. and Kose John. Top-management Compensation and Capital Structure. Journal of Finance,1993(48):949—974.

58. Johnson,S. A. ,H. E. Ryan and Y. S. Tian. Managerial Incentives and Corporate Fraud: the Sources of Incentives Matters, Review of Finance,2009(13):115—145.

59. Kedia,S. and T. Philippon. The Economics of Fraudulent Accounting. NBER Working Papers,2005,11573.

60. Knight, Frank. Risk, Uncertainty, and Profit. Reprints of Economic Classics,Augustus M. Keller,Bookseller New York,1964.

61. Konari Uchida. Determinants of Stock Option Use by Japanese Companies. Review of Financial Economics,2006,15(3):251—269.

62. Konstantinos Tzioumis. Why do Firms Adopt CEO Stock Options? Evidence from the United States. Journal of Economic Behavior &

Organization,2008(68):100—111.

63. Kaplan, S. The Effects of Management Buyouts on Operating Perfomance and Value. Journal of Financial Economics,1989(24).

64. Kornai,J. "Hard" and "Soft" Budget Constraint. Acta Oeconomica, 1980(25):231—245.

65. Kornai,J. The Place of the Soft Budget Constraint Syndrome in Economic Theory. Journal of Comparative Economics,1985(26):11—17.

66. Lamia Chourou,Ezzeddine Abaoubb,Samir Saadi. The Economic Determinants of CEO Stock Option Compensation. Journal of Multinational Financial Management,2008(18):61—77.

67. Lazear, E. P. and Rosen, S. Rank-order Tournaments as Optimum Labor Contracts. Journal of Political Economy,1981(89) :841—864.

68. Lewellen, Wilbur G. , Claudio Loderer, and Kenneth Martin. Executive Compensation and Executive Incentive Problems: An Empirical Analysis. Journal of Accounting and Economics,1987(9):287—310.

69. Leland, Hayne and David Pyle. Information Asymmetry, Financial Structure,and Financial Intermediation. The Journal of Finance,1977(32):371—388.

70. Li,H. ,and L. Zhou. Political Turnover and Economic Performance : The Incentive Role of China's Personnel Control,memo,2004.

71. Matsunaga,Steven R. The Effects of Financial Reporting Costs on the Use of Employee Stock Options. Accounting Review,1995(70):1—26.

72. McConnell,J. , and H. Servaes. Additional Evidence on Equity Ownership and Corporate Value. Journal of Financial Economics, 1990(27):595—618.

73. Mehran,H. Executive Compensation Structure,Ownership,and Firm Performance. Journal of Financial Economics,1995(38).

74. Mirrlees,J. A. The Optimal Structure of Incentive and Authority within an Organization. Bell of Economies,1976,Vol. 7:105.

75. Morck,R. ,A. Shlefier,and R. Vishney. Management Ownership and Market Valuaton: An Empirical Analysis. Journal of Financial

Economics,1988(20).

76. Murphy, Kevin J. Corporate Performance and Managerial Remuneration: An Empirical Analysis. Journal of Accounting and Economics,1985(7):1142.

77. Murphy, Kevin J. Executive Compensation, in Handbook of Labor Economics, Orley Ashenfelter and David Card, eds. Amsterdam: North Holland,1999:2485—2563.

78. Murphy, Kevin J. Explaining Executive Compensation: Managerial Power vs. the Perceived Cost of Stock Options. University of Chicago Law Review,2002(69):847—869.

79. Murphy, Kevin J. and Jerold L. Zimmerman, Financial Performance Surrounding CEO Turnover. Journal of Accounting and Economics,1993(16): 273—315.

80. Myers,Stewart C. Determinants of Corporate Borrowing,Journal of Financial Economics,1977(5):147—175.

81. O'Connor,J. P. ,R. L. Priem,J. E. Coombs and K. M. Gilley. Do CEO Stock Options Prevent or Promote Fraudulent Financial Reporting? Academy of Management Journal,2006(49):483—500.

82. Olson, M. The Logic of Collective Action. Harvard University Press,Cambridge,1965.

83. Parthiban D. , R. Kochar, and E. Levitas. The Effect of Institutional Investors on the Level and Mix of CEO Compensation. Academy of Management Journal,1998(41):200—208.

84. Poncet, S. A Fragmented China: Measure and Determinants of China's Domestic Market Disintegration. Review of International Economics,2004.

85. Qian, Y. , and B. Weingast. China's Transition to Markets: Market-Preserving Federalism,Chinese Style. Journal of Policy Reform, 1996(1):149—185.

86. Qian, Y. , and B. Weingast. Federation as a Commitment to Preserving Market Incentives. Journal of Economic Perspectives, 1997 (11):83—92.

87. Ross, Stephen. The Determination of Financial Structure: The Incentive Signaling Approach. Bell Journal of Economics, 1973 (8): 23

—40.

88. Ryan, H. E. J. , & Wiggins, R. A. The Influence of Firm and Manager-specific Characteristics on the Structure of Executive Compensation. Journal of Corporate Finance, 2001(7): 101—123.

89. Sappington, D. E. , and J. E. , Stiglitz. Privatization, Information, and Incentives. Journal of Policy Analysis and Management, 1987, 6(4).

90. Shepsle, K. , and B. , Weingast. Political Solutions to Market Problems. The American Political Science Review, 1984, 78(2).

91. Shirley, M. M. , and L. C. , Xu. Information, Incentives and Commitment: An Empirical Analysis of Contracts between Government and State Enterprises. The Journal of Law, Economics, and Organization, 1998(14): 358—378.

92. Shirley, M. M. , and L. C. , Xu. Empirical Effects of Performance Contracts: Evidence from China. The Journal of Law, Economics, and Organization, 2001(17): 168—200.

93. Shirley, M. M. , and P. , Walsh. Public vs. Private Ownership: The Current State of the Debate, Working Paper, The World Bank, 2000.

94. Shirley, Mary M. , John Nellis. Public Enterprise Reform: The Lessons of Experience. World Bank EDI Report, 1991.

95. Shirley, Mary M. , Sunita Kikeri, John Nellis. Privatization, the Lessons from Experience, World Bank Publication No. 11104, 1992.

96. Shleifer, A. State Versus Private Ownership, The Journal of Economic Perspectives, 1998(12): 133—150.

97. Shleifer, A. , and R. W. , Vishny. Politicians and Firms, The Quarterly Journal of Economics, 1994(109): 995—1025.

98. Shleifer, Andrei and Robert W. Vishny, Large Shareholders and Corporate Control. Journal of Political Economy, 1986(94): 461—488.

99. Shleifer, Andrei and Robert W. Vishny. The Grabbing Hand: Government Pathologies and Their Cures, Harvard University Press, 1998.

100. Shleifer, Andrei and Robert Vishny. Management Entrenchment: The Case of Manager-Specific Investments. Journal of Financial Economics, 1989(25): 1.

101. Smith, A. Corporate Ownership Structure and Performance: The Case of Management Buyouts. Journal of Finacial Economics, 1990 (27).

102. Smith, Clifford W. , Jr. and Ross L. Watts. Incentive and Tax Effects of Executive Compensation Plans. Australian Journal of Management, 1982(7):139—157.

103. Smith, Clifford W. , Jr. and Ross L. Watts. The Investment Opportunity Set and Corporate Financing, Dividend, and Compensation Policies. Journal of Financial Economics, 1992(32):263—292.

104. Sok—Hyon Kang, Praveen Kumar, Hyunkoo Lee. Agency and Corporate Investment: The Role of Executive Compensation Policies. Journal of Financial Economics, 2006(32):263—292.

105. Stulz, R. Managerial Control of Voting Rights: Financing Policies and the Market for Corporate Control. Journal of Financial Economics, 1988(20).

106. Thomas, Randall S. , and Kenneth T. Martin. The Effect of Shareholder Proposals on Executive Compensation. University of Cincinati Law Review, 1999(67).

107. Vickers, J. , and G. , Yarrow. Privatization: An Economic Analysis, MIT University Press, Cambridge, 1989.

108. Vickers, J. , and G. , Yarrow. Economic Perspectives on Privatization, Journal of Economic Perspectives, 1991(5):2.

109. Williamson, O. E. The Economic Institutions of Capitalism, Free Press, New York, 1985.

110. Williamson, O. E. Organization Form, Residual Claimants, and Corporate Control. Journal of Law and Economics, 1983(24):351—397.

111. World Bank. Bureaucrats in Business. Oxford University Press, New York, 1995.

112. Yermack, David. Good Timing: CEO Stock Option Awards and Company News Announcements. Journal of Finance, 1997 (52): 449—476.

113. Yermack, David. Do Corporations Award CEO Stock Options Effectively? Journal of Financial Economics, 1995(39):237—269.